U0067618

夏洛克 編

你是天真，還是愚蠢？

馬克吐溫曾說：
「**傻子和騙子是一對夥伴，誰也離不開誰。你在傻子的身邊準能找到騙子，在騙子的去處準能找到傻子。**」
確實如此，在這個充滿欺騙訛詐的時代，每天都上演著騙人與被騙的戲碼。
做人心思單純固然受人歡迎，但是，千萬要記住，單純的另一層意思，其實就是愚蠢。
心思單純的人，往往過於天真，容易相信表面現象，也會輕易相信別人；
正因為不知道人心險惡，總是把事情想得太美好，往往成了別人算計的對象，淪為被坑被騙的受害者。

Are you naive or stupid?

識破詐騙伎倆
的防騙寶典

出・版・序

你一定要讀懂的人性厚黑法則

想要獲得你信任、同情的人，通常會在你面前裝老實、裝可憐，

並且將陰謀詭計包裝在言行之中，做人千萬不要太過天真。

・夏洛克

幽默作家馬克吐溫曾說：「傻子和騙子是一對夥伴，誰也離不開誰。你在傻子的身邊準能找到騙子，在騙子的去處準能找到傻子。」

在這個充滿欺騙訛詐的時代，每天都上演著騙人與被騙的戲碼。做人心思單純固然受人歡迎，但是，千萬要記住，單純的另一層意思，其實就是愚蠢。

心思單純的人，往往過於天真，容易相信表面現象，也會輕易相信別人；

正因為不知道人心險惡，總是把事情想得太美好，往往成了別人算計的對象，

淪爲被坑被騙的受害者。

許多人在人生旅程中被騙被害，並不是他們能力不足，或是運氣不濟，而是他們的想法太過於善良、迂腐，讓教條、規則束縛自己，不知變通、一味相信別人的結果，自然是一再被坑騙，一再遭遇失敗。

幽默作家理奧・羅斯汀曾經寫過一則耐人尋味的故事。

小時候，有一天他的父親閒來無事，做了一個謎題讓他猜：「有一種東西吊在牆上，顏色是綠色，濕濕的，會吹口哨，你猜是什麼！」

理奧・羅斯汀猜了很久都猜不出來，最後只好投降認輸，請他的父親快點說出謎題的答案。

他的父親笑著說：「答案是鯡魚！」

理奧・羅斯汀聽了這個離譜的答案差點暈倒，直認爲父親窮極無聊尋他開心，生氣地說：「鯡魚不會吊在牆上！」

父親笑著說：「你不會把牠吊上去嗎？」

「好吧！可是，鯡魚不是綠色的！」

「沒錯，不過，你可以把牠漆成綠色的！」

「鯡魚吊在牆上，怎麼會濕濕的？」

「剛剛塗上油漆，當然會濕濕的。」

聽了這些幾近強詞奪理的回答，理奧‧羅斯汀差點瘋了，更生氣地質問說：

「鯡魚才不會吹口哨！」

他的父親笑得不可開交，回答說：「鯡魚當然不會吹口哨，這一句是因為要避免被你亂猜猜到，才故意加上去的！」

看完這個故事，或許你莞爾一笑之餘，會單純地把它當作是一個父親的惡作劇，但是仔細想想，我們身處的這個現實而又複雜，到處都是謊言、詐騙與針孔攝影機的社會，不就充斥著這類光怪陸離的謎題，和令人目眩神迷、坑人

害人的陷阱嗎？

英國作家塞繆爾‧約翰遜曾說：「有些人外表看起來天性純良，也常使自己和別人愉快，目的不外是為了博取別人信任。」

確實如此，凡是想要獲得你信任、同情的人，通常會在你面前裝老實、裝可憐，並且很有技巧地將陰謀詭計包裝在言行之中。做人要是太過天真，沒有一點防人之心，無異於把自己推向險境，成為被人坑騙的冤大頭。

人性本來就很詐！許多人為了避免自己卑劣的私慾被人洞穿，總是裝出一副道貌岸然的偽善臉孔，想出許多冠冕堂皇的藉口，將自己的齷齪卑劣行為神聖化、合理化，或者用聲東擊西、迂迴側擊的手法掩飾見不得人的目的。

人只要活著，就會被環境影響，被慾望操縱，外界的環境一改變，價值觀念和行為模式也會隨著改變。在變動不羈的人生旅程中，我們無法預知什麼時候會被出賣，什麼時候會掉入陷阱，唯一能做的只是讓自己精明一點，避開各式各樣準備坑殺我們的陷阱和危險。

PART1　提防「心靈導師」的騙術

我們生存的醜陋社會裡，有太多宣稱自己會隔空抓藥的江湖郎中，而且往往以所謂「心靈導師」的面貌出現，針對你的心理弱點施行騙術。

PART2 針對敵人的弱點進行心理戰

面對蠻橫無理而又無知的人，無法跟他們講道理的時候，就要針對他們的弱點進行心理戰。

PART5 口是心非，有什麼不對？

人生本來就充滿了矛盾與不可預知，況且每個人都有自私的劣根性，也會面臨一些自己無能為力的境遇，表裡不一自然在所難免！

PART6 小心判斷，才不會遭到背叛

情人的背叛已經很令人難堪的，更讓人沮喪的是，他的共犯居然是你的好友，教人怎麼能夠接受這樣的事實？

PART 8

沒有偏見，就不會被矇騙

當我們有機會站在人生的至高處，一定要細心地觀看每一個角落，打開視野，寬心容納，即使身處地獄，我們也一定能發現希望的角落。

01

提防「心靈導師」的騙術

我們生存的醜陋社會裡，

有太多宣稱自己會隔空抓藥的江湖郎中，

而且往往以所謂「心靈導師」的面貌出現，

針對你的心理弱點施行騙術。

提防「心靈導師」的騙術

我們生存的醜陋社會裡，有太多宣稱自己會隔空抓藥的江湖郎中，而且往往以所謂「心靈導師」的面貌出現，針對你的心理弱點施行騙術。

法國作家拉布呂耶爾曾經寫道：「如果一個人在別人眼裡，不顯得過於聰明，他就已經相當狡猾了。」

的確，沒有比貌似正直，實則奸詐的人更為危險了，因為，這些人在你眼裡，雖然看起來忠厚老實，但實際上，暗地裡卻經常幹出一些讓你始料未及的卑鄙奸詐勾當。

人是最擅長弄虛作假的動物，現實生活中，專門坑人騙人的假好人也不在

少數。面對花招百出的騙術詐術，你必須放聰明一點，才不會老是做出受騙上

當又讓人恥笑的蠢事。

古時候，金陵城內來了一個賣藥郎，自稱擁有通天的法術，能夠祈求神

明賜降靈藥，治癒疑難雜症。

他用車子載了一尊觀音大士的神像，裝模作樣替人把脈看病以後，便拿出

一包藥粉，順著觀音大士的手掌心洩下，奇妙的是，觀音大士的手心總會殘留

一些藥粉，他便小心翼翼地把這些藥物刷下，交給病人服用，每天可以賺進不

少銀兩。

有一個游手好閒的少年，在一旁連續看了幾天，覺得這是賺錢的好方法，

很想學得這項法術，因此有一天等到人潮散去之後，便客客氣氣地邀請這個賣

藥郎中到酒店飲酒。

讓賣藥郎中百思不解的是，這個少年喝完酒後根本不付錢，拍拍屁股就大

搖大擺地走出酒店，而且酒店的掌櫃、夥計好像都沒有看見他白吃白喝似的，並未出面阻攔。

就這樣一連喝了三次酒，賣藥郎中按捺不住心中的納悶，便好奇地詢問這位少年是不是擁有什麼神奇的法術。

少年搔搔頭，說道：「哎呀，這只是一個小把戲罷了，如果你願意和我相互交流，我自然樂意教你。」

賣藥郎中點點頭，看看四周之後，小聲地說：「其實，我並沒有什麼法術，只不過觀音大士的手掌是用磁石做的，我在藥粉中摻一些鐵屑，藥粉從觀音大士的手心往下溜，不就會黏一些在手心嗎？」

少年聽完恍然大悟，稱讚說：「你的手法真是妙！」

賣藥郎中不想浪費時間，急忙接著說：「我已經把我的秘訣告訴你了，你趕快教我你的法術吧。」

少年笑著說：「和你比起來，我更沒有什麼法術可言，我只不過是先把酒錢付給掌櫃的，所以每次我大搖大擺走出酒店，他們當然不會過問。」

賣藥郎中聽了，哭笑不得：「那我豈不是上當了！」

❦

這個故事的重點，並不是要告訴你，所謂「隔空抓藥」之類的江湖法術，一經點破就不值錢。

其實往往都是針對我們的心理和視覺盲點，設計出的弄虛作假的騙術，一經點破就不值錢。

這個故事要告訴讀者的是，我們生存的醜陋社會裡，有太多宣稱自己會隔空抓藥的江湖郎中，而且往往以所謂「心靈導師」的面貌出現，針對你的心理弱點施行騙術。

面對這些道貌岸然的虛偽之人，臉皮必須放厚一點，不要顧慮他們對自己的看法，做事也不用偷偷摸摸，有時大可像故事中那個游手好閒的少年，開些無傷大雅的玩笑，然後挺起胸膛，過著開朗而悠閒的生活！

海倫凱勒曾在日記中寫道：「性格不可能在平靜中安逸形成，只有經歷過磨難和痛苦，靈魂才能變得堅強，眼光才會變得清晰，雄心才能得到激勵，成

功才能有望企及。」

開朗的性格，必須靠自己的意志和努力才能產生。

有的人生性內向，而且有神經過敏的傾向，往往為了一點小事就整天煩惱個不停，想要克服這些缺點，就要加強自己的心理建設，學會讓自己做一個厚臉皮的人，否則很難在社會上生存下去。

用意志力使自己改頭換面，唯有如此，才能適應現實而複雜的社會生活，堅強地生存下去。

把危機化為成功的階梯

英國首相邱吉爾說：「當危險來臨時，不要逃避，否則危險只會有增無減；若能毅然面對，危險便可減半。」

《菜根譚》裡有段話說：「都來眼前事，知足者仙境，不知足者凡境。總出世上因，善用者生機，不善用者殺機。」

危機通常也是轉機，能將危機變成轉機就可以成為大人物。

譬如，日本戰國時代名將織田信長遭到今川義元的駿府大軍攻擊時，還只是一個統轄尾張八郡的小諸侯，別人都認為外號「尾張大傻瓜」的他這回絕對死定了。沒想到，在關鍵時刻，他居然化危機為轉機，僅帶了兩千名軍隊發動

襲擊，瞬間就擊潰駿府四萬大軍，並且取下了今川義元的首級，一躍而成為人盡皆知的大英雄。

宋太祖趙匡胤城府深沈，在應付危機方面也頗有一套。

五代末年藩鎮割據，有兩個將領嫉妒趙匡胤威名日益卓著，想趁著他羽翼未豐，在酒中下毒，將他除掉。但是，這個陰謀卻走漏風聲，有人事先向趙匡胤通風報信。

當這兩個將領佯裝邀請趙匡胤赴宴之時，趙匡胤表現得若無其事，立即與他們同行，沒有露出絲毫破綻。

這兩個將領心中暗暗高興，認為趙匡胤已經中計。不料，三個人行至途中，趙匡胤卻中邪似的，突然從馬背上跳下來，然後仰起頭朝著天空比手劃腳，而且不時點頭稱是，隨後裝出若有所思的樣子。

過了一會，趙匡胤跳上馬背撥轉馬頭，並朝向二人破口大罵道：「沒想到

你們兩個是如此奸詐的小人！」

這兩個將領被趙匡胤的舉動搞得滿頭霧水，便詢問到底是何緣故，趙匡胤

生氣地回答說：「哼，幸虧剛才上天告訴我，你們要在酒中下毒毒死我，我才

知道你們的為人。」

這兩個將領做賊心虛，內心驚恐不已，立即躍下馬恭敬肅立，連連說：「豈

敢，豈敢！」

從此，他們就打消了加害趙匡胤之心。

謹慎分析自己接收到的各項訊息，究竟是正確的，還是唬人的；迅速研判

對自己好的人，究竟是虛情假意的小人，還是值得交往的好人；唯有具備這種

能力，才能像趙匡胤一樣冷靜面對危機，繼而運用心機，將危機變成轉機。

英國首相邱吉爾說：「當危險來臨時，不要逃避，否則危險只會有增無減；

若能毅然面對，危險便可減半。」

在人生的航程上，處處是暗礁和險灘，時時都有不測的風雲，面對突如其來的危機，首先必須要求自己沈住氣，然後思考應變方法。

消極的脫困方法是不動聲色製造一些煙幕，迷惑對手的思考和判斷能力，然後迅速斷尾逃生。

積極的方法是快速找出對方的弱點，然後以迅雷不及掩耳的姿態，從對方意想不到之處，發動猛烈攻擊。

人生是由許許多多的大小危機連接而成，如果能夠坦然面對，在厄運之中仍然充滿必勝的信念，運用智慧加以扭轉，那麼，這些危機就會變成你不斷向上晉昇的階梯，讓你飛躍到人生的另一個境界。

沒有妄想，就不會上當

高明的騙徒，就像高明的編導一樣，知道人心的需要、渴望與弱點。看完一場戲，你可能很滿足，但是被騙了一場，你可會哭笑不得！

人生如戲，戲如人生，如果情感入了戲，你會為著感人的劇情，熱淚盈眶，也會隨著動人的畫面，而雀躍。

劇情會「騙人」，看戲的時候，當然你也知道劇情是假的，只是擬真，因為你清楚知道那不過是戲而已。可是，要是一個騙徒在你面前演戲，你能不被導入劇情，墜入騙局的陷阱嗎？

恐怕未必！

尤其是在一個有心要騙你，而又高明的騙徒面前。

有位道士來到京城，自稱所煉的丹藥可以讓人青春永駐，返老還童，而他也是一副鶴髮童顏的模樣，號稱已經有三百多歲。

有這麼神奇的藥，當然是門庭若市，吸引了遠遠近近、不分貴賤的人，想要來購買。

有一天，這個道士家中來了一群朝廷大臣，正在喝茶聊天的時候，門房進來報告說：「你兒子剛從鄉下回來，想要求見。」這時，道士卻大聲斥責門房沒禮貌，怎麼可以打斷貴客們的談話。

客人們打圓場說：「既然令郎從遠地回來，讓我們見見面也無所謂。」

道士皺著眉頭好一會兒，才說：「叫他進來！」

沒多久，只見一位彎腰駝背、白髮蒼蒼的老人走了進來，向道士請安。請完安後，道士要他馬上回房。

接著，道士以緩慢的語調嘆息地說：「我的兒子又笨又固執，不肯吃我的丹藥，才會變成這副模樣。你們看，一百歲不到，就成了這副德性，真是丟盡我的臉，所以只好把他送回鄉下去住！」

一百歲的兒子！客人聽了，耳朵、眼睛、嘴巴當然是一起肅然起敬，直說真是太神奇了！經過這一場漂亮、成功的演出，道士的仙丹當然是更有名，也賣得更好了！

當然，大家遲早都會知道，那糟老頭其實是道士的父親，而不是他兒子！

不過，銀兩早已經被他騙過手了！

高明的騙徒，就像高明的編導一樣，知道人心的需要、渴望與弱點；知道哪裡要引人入勝，哪裡要吊人胃口，哪裡要製造高潮，哪裡要補強，哪裡要轉折，哪裡要準備收尾，哪裡要收網走人。

看完一場戲，你可能很滿足，但是被騙了一場，你可會哭笑不得！

不要說你不迷信，要是你的腦袋被迷惑了，渴望被看穿了，難免會有姑且一試的心理，被騙徒牽著鼻子著走。

迷信就像學識一樣有高低層次，在人視野不及的地方、經驗不及的地方，又能引人遐思、勾起渴望的地方，正是騙徒馳騁的最好空間，除非你真的不貪心，沒有非分的妄想！

小心別人的挑撥離間

在任何團體裡，人事與情緒、意氣的爭鬥很難避免，故意打爛仗、虛情假意一番以試探虛實，進而挑撥離間，都是常見的手法。

人心最是難測，尤其同在一個屋簷下，人際關係複雜，黨同伐異，難免彼此看不順眼。糟糕的是，如果距離權力核心較遠，關係又比不上別人，就會產生危機感。

有時候，明明知道有人對我們不懷好意，卻又不確定對方葫蘆裡到底裝著什麼膏藥，處在這種處處挨打的不利處境之下，如何防暗箭、保平安，的確需要一些機巧。

東晉時期，大臣殷仲堪懷疑他的同事王緒，可能經常在當朝紅人王國寶面前說他的壞話。

由於王緒是王國寶的堂弟，這種「胳膊往內彎」的關係，讓殷仲堪非常憂慮，生怕中了王緒的暗箭，所以就跑去請教當時頗具聲望的前輩王東亭。

王東亭想了一想，對他說：「我看你沒事就多往王緒那邊跑，泡泡茶、聊聊天，談一些張家丟了一隻狗，李家遭小偷……等等無聊的瑣事。不過，重要的是，你進他家門時，一定要一個人進去，隨從左右在門口休息就好，儘量把氣氛弄得神秘些。這樣子過幾次之後，他們堂兄弟之間，必定會產生一些猜疑、嫌隙。」

殷仲堪聽了王東亭這番建議後，整個人馬上覺得輕鬆不少，於是便一副神秘兮兮地照辦起來。

過了一些時候，王國寶果然按捺不住，便把王緒找來，問他說：「殷仲堪

那小子，最近常往你那兒跑，都談些什麼事呀？」

王緒的臉一陣青一陣白，有些無奈地回答說：「他呀，我真搞不懂，來談的都是一些什麼王大媽、李大嬸在河邊洗衣服撿到錢，再不然就是什麼哪家院子裡的龍眼甜不甜……等等無聊事，真是無聊透頂，我也無可奈何，真的是沒什麼事。」

王緒說得無奈又無辜，但王國寶卻不這麼想，直覺得兩人時常「單獨會面，神秘往來」，哪有這麼簡單？一定有什麼事瞞著他，基於防衛本能，就開始疏遠王緒，對他的話也打了折扣。

在糖裡多加些水，甜度必然降低：不明的東西掉進甜點裡，即使沒有全盤倒掉，也會小心翼翼地挑著吃。王東亭就是利用這樣的「離間計」，要殷仲堪瞎攪和，讓王國寶與王緒的關係產生稀釋作用，進而起了微妙變化，巧妙地替殷仲堪解了圍。

在任何團體裡，人事與情緒、意氣的爭鬥很難避免，有時候大家白眼翻黑眼，是是非非、分分合合，沒什麼大不了，但若涉及你死我活的權力較勁，那就不是鬧著玩。

故意打爛仗，虛情假意一番以試探虛實，進而挑撥離間，都是常見的手法。

只不過，要是奸詐過頭，欠缺目的的正當性，就會變成你來我往的遊戲，沒完沒了，根本不會有什麼真正的勝負。

不情願做的事，就設法敷衍了事

不小心答應了自己極不情願去做的事，與其懊惱後悔，不如用「概念轉換」的方式敷衍了事。

古羅馬政治家馬基維利在《君王論》中說：「最能顯示出一個人智慧的是，能在各種危險之間做出權衡，並選擇最小的危險。」

只有妥善運用機智應付週遭危機的人，才能持盈保泰，守住成功的果實。

你可以不齒秦檜的為人，但是，一定要學會他的機智和深謀遠慮。

南宋高宗的時候，奸相秦檜把持朝政，凡是從各地進貢到京城的奇珍異寶和稀罕物品，都要先送到秦府讓秦檜挑揀一番，然後才將剩下的送入皇宮。這件事，宋高宗一直被蒙在鼓裡，朝中知情的大臣不是秦檜的同黨，就是畏懼秦檜的權勢，誰也不敢直言。

有一天，秦檜的老婆王氏到宮中拜見了宋高宗的母親顯仁太后。顯仁太后對王氏抱怨說：「這些日子很少吃到新鮮的青魚，真想吃點青魚。」

王氏心想，這正是拍太后馬屁的大好機會，連忙說：「太后您想吃青魚，那還不簡單，我家裡有的是青魚，明天就差人給您送一百條來。」

顯仁太后聽了大吃一驚，心想皇宮裡沒有的東西，秦檜家裡怎可能有，連忙問道：「妳家裡真的有一百條青魚？」

王氏驕傲地回答說：「當然有，明天一定給您送一百條來。」

回到秦府之後，王氏得意洋洋地把這件事告訴秦檜。

秦檜聽了非但沒有露出高興的表情，反而生氣地責怪王氏只知拍馬屁，說話一點都不經大腦。

他對王氏說：「妳想想看，皇宮裡沒有的東西，我們家裡竟然有，這件事要是讓皇上知道了，一怪罪下來，不被殺頭才怪！」

王氏一聽不勝惶恐，緊張兮兮地問秦檜該如何是好。秦檜不愧是欺上瞞下的狡詐之徒，想了一會兒，便交代王氏說：「妳已經答應要進獻一百條青魚，如果食言的話，會惹太后生氣，但是如果獻上新鮮的青魚又會惹出禍端，不如就送她一百條爛魚吧！」

次日，王氏依照秦檜的交代，派人送了一百條快不能吃的青魚到宮裡。顯仁太后見到後，拍手笑著說：「哼，我以為是什麼好魚呢？王氏這婆娘真是沒見過世面的土包子，連這種爛魚也敢拿來獻寶！」

就像秦檜所說的，王氏已經答應要送顯仁太后一百條魚，如果食言就會惹太后生氣，一旦獻上好魚又會招來殺身之禍。秦檜最後向顯仁太后進獻了一百條爛魚，實際上是用「概念轉換」的辦法來保護自己。

秦檜雖然是一代奸相，因為誣陷岳飛而留下萬世罵名，但是，他能在南宋初年權傾天下，一手遮天，並非僅僅靠著迎逢拍馬的諂媚功夫，更重要的是，他能看清自己潛在的危機。

世事多變化，沒人敢預料下一分鐘會發生什麼事，假如你平步青雲、春風得意的時候不懂得謹言慎行，不知道居安思危，那麼，你眼前的成功可能只是一場午夜春夢，轉瞬間就變成夢幻泡影。

假使你心直口快，或者經不起別人糾纏，不小心答應了自己極不情願去做的事，又不想當一個輕諾寡信的人，與其將時間浪費在懊惱後悔上，不如學學秦檜，用「概念轉換」的方式敷衍了事。

軟硬兼施才能達成目的

一個人若想達到目的，就必須用軟硬兼施的手法，千萬不可半途而廢，也不要覺得不好意思，凡事只要放下身段，毫不客氣地貫徹始終，最後通常都能成功。

人想要名揚於世，就必須具備三項最基本的條件：一、不怕難為情，二、落落大方，三、有始有終。

日本商界名人鳥井信治就是其中的典範。

鳥井信治由一個小雜貨店的工友搖身變為大公司的老闆，主要就是因為他具備了上述的三項條件，行事作風和別人完全不同的緣故。

他的公司因為出產知名的「紅玉葡萄酒」賺了不少錢。但是，剛開始創業

的時候，鳥井信治並沒有充裕的經費宣傳自己的產品，於是想出一個辦法——

每當他聽到消防車的警笛聲時，就立刻派出一些身穿印有「紅玉葡萄酒」標誌的夥計，手裡拿著印有相同標誌的小燈籠，趕到火災現場。

他們的行動比消防隊更迅速，使得火場四周處處可以見到「紅玉葡萄酒」的小燈籠，鳥井信治藉著這種方式達到宣傳目的，很快的，「紅玉葡萄酒」就打響了名號。

做人做事有時候必須懂得軟硬兼施，如此才可能突破困局，在不可能成功的地方或時機，獲得輝煌的戰績。

如果你還有疑慮，不妨看看司馬相如怎麼死皮賴臉軟硬兼施。

西漢著名的文學家司馬相如是一位風流才子，與卓文君之間的愛情故事，更是千古流傳。

司馬相如是四川成都人，有一次，朋友帶他到臨邛的財主卓王孫家中作客，

恰巧遇見卓王孫守寡的女兒卓文君，兩個人一見鍾情，當場迸出愛的火花。

事後，卓文君不顧父親反對，漏夜與司馬相如私奔到成都，卓王孫知道後，氣得暴跳如雷。

司馬相如和卓文君兩人到了成都之後，日子過得很窘迫，不得不回到臨邛，硬著頭皮請求卓王孫撥款接濟。

守寡的女兒與人私奔，使得卓王孫顏面無光，氣憤難消，哪裡肯給錢給他們夫婦？司馬相如夫婦經過一番商量，便針對卓王孫愛面子的弱點，想出了一個借錢的「苦肉計」。

他們兩人把身邊的車、馬、琴、劍和首飾變賣，然後故意在距卓府不遠的地方租屋，開了一家小酒舖，擺明了要讓卓王孫在眾人面前丟人現眼，硬逼他拿錢出來接濟。

果然，酒舖才剛開張，就吸引不少人前來親睹這兩個遠近聞名的才子佳人。

只見司馬相如穿著夥計衣服擦桌椅、端酒菜，卓文君也身穿粗布衣裙，忙裡忙外地招呼客人。

很快的，臨邛城裡的人都在議論這件事，不少人對司馬相如夫婦大表同情，譏諷卓王孫吝嗇刻薄。

卓王孫是一個十分講究門面的人，過不了幾天便受不了外面的閒言閒語，只得答應資助女兒和女婿。

卓王孫送給司馬相如和卓文君一百個奴僕、一百萬貫錢。司馬相如和卓文君夫婦得到了這些財物，謝過了卓王孫，隨即關了酒舖回到成都，成了當地知名的富戶。

作家約翰・雷曾經這麼說過：「我的成功座右銘，就是人不可以不要臉，但臉皮一定要夠厚。」

一個人若想達到目的，就必須效法司馬相如和卓文君軟硬兼施的手法，千萬不可半途而廢，也不要覺得不好意思，凡事只要放下身段，毫不客氣地貫徹始終，最後通常都能成功。

或許，你會覺得司馬相如夫婦和鳥井信治的行徑有點卑鄙，但這畢竟是他們面臨困境時處心積慮想出的方法，沒有所謂對與錯。

有些人往往把時間花在自己不應做的瑣碎事情上，對於應該積極去做的事反而光說不練，或者馬馬虎虎應付了事，行事總是本末倒置。這樣的人只是在浪費自己的生命。

光說不練、馬馬虎虎永遠不會成功，下定決心後就必須付諸實行，既然要做就應當做得徹底，別怕丟人現眼。不論什麼事，只要能夠盡全力去做，自信和力量自然能夠隨之產出。

不守信用，又有什麼關係？

英國諷刺作家西蒙・伯特勒曾經說過：「誓言只不過是一番空話，而空話只不過是一陣風。」

古時候，有個食古不化的書呆子名叫尾生，有一天，和朋友相約在某座獨木橋邊見面。

尾生依約定的時間準時到達，友人卻遲遲未到，他便在橋邊苦苦等候，等著等著，橋下的河水突然暴漲，尾生心想「君子寧可抱橋而死，焉能失信而歸」，為了信守約定，竟然死命抱住獨木橋，最後終於被洪水衝走。

人如果一味拘泥於小信，不知道「誠信」的真正意義，就會做出類似尾生

「抱橋而死」這般不知變通的傻事，只為了不失信於人，遇到河水暴漲，竟然不知走避，還死抱著獨木橋不放，這樣的信用又有什麼價值呢？

我們不妨看看孔子對「誠信」的見解吧！

孔子率領弟子周遊列國，從陳國來到蒲地的時候，適值公叔氏發動叛變，把孔子一行人送出東門。

孔子一行人的行動立即遭到控制。

孔子為了及早脫身，便派口才最好的子貢前去交涉，公叔氏對子貢說：「如果你們不去衛國，我就答應放行。」

孔子聽了，滿口承諾不去衛國，並與公叔氏訂立了誓約，於是，公叔氏便把孔子一行人送出東門。

豈料，孔子一走出東門後，馬上帶著弟子逕自往衛國的方向走去。

子貢覺得很詫異，連忙問道：「老師，您剛剛不是才與公叔氏訂立誓約，說好不去衛國，難道誓約可以背叛嗎？」

孔子白了子貢一眼，沒好氣地回答說：「關於訂立誓約這類事情，神是不大理會的。」

看完這個故事，你也許會嚇一跳，心裡納悶地想：「不會吧，孔子身為至聖先師，平常不是教導弟子『人而無信不知其可』嗎？怎麼會做出這種背盟毀約的事呢？」

如果你有這樣的想法，那就大錯特錯了。其實，孔子對於尾生的做法一直都嗤之以鼻，在他的思想中，對於「誠信」的觀點，一直都是強調「大信不信」，亦即人應該講究大信，但是不必太拘泥於小信，只有那些愚夫愚婦才會斤斤計較小信。

英國諷刺作家西蒙‧伯特勒曾經說過：「誓言只不過是一番空話，而空話只不過是一陣風。」

其實，在現實生活中，我們向別人承諾的事情，總是因為一時的豪情或憐

憫，或者不是基於自由意志，而是在別人百般脅迫、死纏爛打⋯⋯等等情況下，不得已才答應的。

就是因為違背自由意志，我們所能實踐的，往往不到諾言的十分之一，因此，才會出現輕諾寡信的狀況。

遇到這種讓自己懊悔不已的承諾，與其做得心不甘、情不願，倒不如學學孔子，想出一番理由自圓其說，為自己的言行不一解套。

搞怪要用鬼怪來治

日常生活中，遭遇蠻橫、頑固、不可理喻的人，有時不妨學習王陽明，靈活運用類似的手法嚇唬對方一番。

家家有本難唸的經，人在成長過程中，難免會遭遇困逆與憂患，嚴重一點的更可能變成一種陰霾與折磨。

有的人因此命苦一生，難以脫逃，但是不甘被命運擺佈的人，必然會想盡辦法，去割除這種說大不大、說小不小，卻嚴重干擾生活品質與情緒的心腹隱痛、精神折磨。

王陽明的母親早死，繼母待他並不友善，打罵、虐待如影隨形，還好有父親在，繼母終究不敢太過分。

十三歲時，父親將被調到北京去任官，王陽明心想，這下子慘了，父親不在身邊，以後可能更沒好日子過。

聰明不凡的王陽明，當然不是省油的燈，也不可能坐以待斃，認為得想想辦法，擺脫這種煎熬。由於繼母相當迷信，拜神佛拜得很勤，王陽明就想神弄鬼來嚇嚇他的繼母。

首先，他在半夜裡，偷偷的將五個祭拜用的盤子，放在繼母臥室的門前，想用不吉祥的東西，來嚇嚇他的繼母。可是，一連多天，繼母雖然氣憤、恐懼，卻仍然虐他如常。

王陽明心想這招沒用，於是又再構想更鬼怪的點子。一次偶然的機會，他在郊外遇到了一位獵人，獵人手中剛好有一隻形狀怪異的小鳥，他便將牠買了

下來。

回家後，他偷偷地將怪鳥放入繼母的衣服中，當繼母整理衣物時，怪鳥就從衣袖中飛出，嚇得繼母說不出話來。

對於最近發生的一些「異象」，繼母心裡確是毛毛的，於是便請來神婆，想問個明白。聰明的王陽明早就賄賂了神婆，神婆假裝神靈附身，以氣憤的口吻向他的繼母告誡：「王狀元的前妻對於妳虐待她的兒子相當不滿，把妳告到了天庭，天庭決定派遣神兵來收回妳的靈魂。妳袖中的怪鳥，其實就是天庭所派的神兵。」

說完，巫婆又假裝激動地昏倒。

這下子，真的是把王陽明的繼母嚇壞了。從此，繼母再也不敢虐待他了。

英國作家麥特‧海格曾經寫道：「一個高明的騙子，最擅長的就是用你親眼所見的『事實』來讓你上當。」

因為，只要是人，都會對自己親眼所見、親耳所聞的「事實」深信不疑，

因此，熟諳這種人性弱點的騙子，就會精心設計一些剛好被你撞見或聽見的「真

相」，讓你對此深信不疑。

日常生活中，遭遇蠻橫、頑固、不可理喻的人，有時不妨學習王陽明，靈

活運用類似的手法嚇唬對方。

當然，想要嚇人，一定得找嚇得著人的東西。像迷信的人，就用所迷信的

東西來嚇他。

要說服人，同樣也得讓人聽得懂，且要找更高明的理論來說服人，否則，

教訓來教訓去，有如馬耳東風，只是徒然浪費口舌罷了。

02

針對敵人的
弱點進行心理戰

面對蠻橫無理而又無知的人，

無法跟他們講道理的時候，

就要針對他們的弱點進行心理戰。

越沒有漏洞，越容易成功

不是完全專注於一件事物上就能獲得成功，因為每個人的思考或視線都一定會有盲點或死角。

做人做事多一點心眼，才會多一點勝算。

有點心機並不算卑鄙，關鍵在於，你是用心機來保護自己，為自己創造機運，還是將心機用來陷害別人。如果你懂得善用心機來提防生活中可能出現的漏洞，就越容易獲得自己可望的成功。

不論一張網子怎麼編織，始終都有漏洞，只是洞的大小不同罷了。就像生活中，不論我們怎麼小心謹慎，總難免會有看走眼的時候，也難免被壞人矇騙。

只是不管事情後續怎麼演變，都要記取教訓，都要積極負起補救的責任。

有個形跡可疑的人開著車來到邊境，哨兵見狀立即迎上前去，其中一名哨兵在檢查行李箱時，發現有六個接縫處鼓得緊繃繃的大袋子。

哨兵立即斥聲問道：「裡面裝了什麼東西？」

「泥土。」司機答道。

「把袋子拿下來，我要檢查。」哨兵大聲命令著。

這個人便乖乖地將袋子全搬了出來，果真袋子裡面除了泥土之外，就沒有發現其他可疑的東西了。

雖然哨兵心中存疑，但是在找不到證據的情況下，只好讓他通行。

一個星期後，這個人又開著另一輛車來到了邊界，同一名哨兵再次上車仔細檢查他的行李箱。

「這次袋子裡面裝了什麼啊？」哨兵問道。

「土，又運了一些土。」那人回答。

哨兵仍舊不相信，再次要求對那些袋子進行檢查，結果仍然一無所獲。

相同的事情幾乎每週都要重演一次，一直持續了六個月後，哨兵實在被煩擾得灰心喪氣，最後竟辭職了。

後來，有一天深夜，這個離職的哨兵湊巧在酒吧裡遇見了那個運送泥土的人，只見他渾身酒氣的模樣走了進來。

哨兵忍不住上前問他：「老兄，你能不能幫我解決一道難題？今晚你喝的酒全部由我請客，只要你告訴我，那段時間內你到底在運送什麼東西？」

那個人轉身過來，接著便湊近哨兵的耳朵邊，笑嘻嘻地說道：「汽車！」

你是否曾經懊悔地說：「啊！我怎麼沒發現！」或曾驚呼：「咦？怎麼會發生這麼大的漏洞？」

每個人在處事時難免會有一些遺漏，因為很多人無法以正確的網，網住自

己準備捕捉的目標物，就像故事中的哨兵，明明已經對準了其中的問題目標，卻還是讓走私客從他破漏的網眼中一再逃脫。

之所以會發生如此情況，關鍵是因為頭腦簡單的哨兵始終都盯著車廂上的土堆，視線只網住了車廂上的物件，卻把其他相關的可疑事物，包含車子本身全部遺漏了。

這個走私的壞人無疑替哨兵上了一課，我們也從中獲得了一個另類省思，不是完全專注於一件事物上就能獲得成功。

因為，每個人的思考或視線都一定會有盲點或死角，如果不想讓這些盲點成為我們網羅成功的大缺口，除了緊捉住目標物不放外，還要懂得運用眼角的餘光去搜羅其他有助於我們成功達成目標的助力。

每張網都一定會有漏洞，我們要依據目標身邊的雜質大小，聰明地選擇洞的大小，如此一來，我們才能把那些無用的雜物一一篩除，讓最終的目標物更加明確清晰。

提防別人的惡性競爭

在高度競爭的時代，必須提防別人的惡性競爭，不論做什麼事情，都要有掌握正確資訊和運籌帷幄的能力。

日本心理學作家邑井操在《決斷力》一書中寫道：「一個成功者之所以與一般人不同，就在於他能夠在勝負未分之前，對自己的應變能力充滿信心，然後去謀取獲得勝利的條件。」

的確如此，成功者之所以能夠成功，關鍵就在於競爭過程中，懂得掌握最新最快的情報，然後設法為自己製造最有利的條件，不動聲色地排除那些潛藏在暗處的威脅。

至於失敗者之所以失敗，往往就是引用錯誤的情報錯估形勢，或者昧於知人，喜孜孜地把別人包藏禍心的建議，當成對自己有利的忠言，事前既不查證，事後又對自己的失敗感到莫名其妙。

李林甫是唐玄宗的宰相，也是以口蜜腹劍「名垂青史」的陰謀家。

他有一個心腹大患名叫嚴挺之，由於觸怒唐玄宗而被貶黜到地方任職，但是李林甫仍時存戒心，對他處處提防。

果然，有一天，唐玄宗突然想起嚴挺之，想召他回京師任職，便信口問李林甫說：「嚴挺之現在被貶到哪兒？過幾天把他調回京城吧！」

當天，李林甫退朝後，立刻擺駕前往嚴府，笑嘻嘻地對嚴挺之的弟弟說：

「我是特地來報喜訊的，陛下對令兄的現況相當關心，想把他召回京師，但是，又拉不下面子，你不妨通知令兄，讓他向皇上聲稱自己中風，奏請回京療養，讓皇上有個台階可下……」

嚴挺之接到弟弟的書信，不禁喜上眉梢，即刻派專人呈遞奏文，請求唐玄宗調他回京。唐玄宗接到奏文之後，隨即詢問李林甫應當如何處理，李林甫當下擺出一副忠厚老實的模樣，恭恭敬敬地回答說：「嚴挺之已經年紀老邁，而且中了風，念在他以前的功績，敬請陛下恩賜，把他調回京師擔任閒職，讓他專心養病。」

唐玄宗聽到李林甫這番為嚴挺之「設想」的說詞，不疑其中有詐，直誇讚他：「你真是體恤嚴挺之啊！」

美國有句俗諺說：「甜言蜜語是射向心臟的箭。」

李林甫的奸詐手段，幾乎已經到達爐火純青的境界。

看完這則故事，我們不難理解，李林甫可以在唐玄宗時代獨攬大權，屢次鬥倒政敵，其實不是偶然。

當他從言談之中聽出唐玄宗有意再起用嚴挺之的訊息，便開始構思如何保

護自己的地位，當下拿出看家本領，施用巧計，既把政敵嚴挺之東山再起的機會消滅於無形，又讓唐玄宗以為他「宰相肚裡能撐船」，眞不愧是口蜜腹劍的厚黑高手。

嚴挺之被李林甫耍得團團轉的例子，並不是古代資訊不發達的社會才有，事實上在現代高科技社會中也屢見不鮮。

這些受騙上當的人的慘痛教訓，無疑提醒我們，在高度競爭的時代，必須提防別人的惡性競爭，不論做什麼事情，都要有掌握正確資訊和運籌帷幄的能力，才能先下手為強。

得意忘形，小心落入陷阱

面對顯而易見的騙局，我們通常都能輕易地識破。但是，一旦你自認遠比別人聰明而得意忘形時，你就會墜入另一個圈套之中。

荷蘭思想家史賓諾莎說：「誠實的人向來討厭虛偽，而虛偽的人卻常常以誠實的面目出現。」

確實如此，誠實有時候只是虛偽的另一種寫法。

當別人有心要欺騙你的時候，你一定要提高警覺，因為，這時候他們往往以誠實、謙卑的面貌出現，然後使用巧妙的伎倆遂行騙術，讓你被騙了還渾然不自知。

古時候，有一個文人叫朱古民，以行事機智幽默聞名。

有一年冬天，他到一位湯姓文人家中拜訪，兩人坐在火爐前天南地北地閒聊。聊著聊著，湯姓文人嫉妒朱古民享有盛名，不以為然地說：「別人常常誇獎你聰明機智，我偏偏不信我的才華智慧會輸給你，這樣子吧，我坐在屋內，如果你有辦法把我騙到屋外去，我就甘拜下風。」

朱古民想了一下，面有難色地回答說：「老兄，這未免太困難了吧？屋外颳風下雪，天氣那麼寒冷，而且你心裡已經打定主意不讓我騙，就算我用盡各種法子，你也必定不肯走出屋外。不如這樣，我們換種比較容易的方式，你先到屋外，我用室內的溫暖來引誘你，這樣子，你一定就會被我騙進來。」

湯姓文人聽後，不疑有詐，笑著說：「哼，你想騙我，哪有這麼簡單?!我就走到屋外，看你有什麼本事騙我進來！」

湯姓文人隨即得意洋洋地走到屋外，然後對屋內的朱古民高聲喊道：「喂，

我已經到屋外了，你現在趕快騙我到屋內吧！」

朱古民看了湯姓文人在風雪中凍得發抖的模樣，拍手笑道：「湯兄，我何

必再騙你呢？我早已經把你騙到屋外了。」

話說得越悅耳動聽、越合情合理，越必須反覆斟酌其中是否有詐。

因為，語言只不過是一種工具，有時用來表達真實意見，有時用來隱藏見

不得人的心思，要是不細心推敲，就容易被表面現象欺騙。

面對顯而易見的騙局，我們通常都能輕易地識破。但是，人性是狡詐的，

一旦你掉以輕心，自認遠比別人聰明而得意忘形時，你就會墜入另一個圈套之

中，正像故事中的湯姓文人，自己都已經被騙到屋外了，卻渾然不知，還高聲

喊著要別人把他騙到屋內。

趁早脫身，才能躲過厄運

想要走出爾虞我詐的人性叢林，不被有心人士繼續利用，就必須絞盡腦汁，用積極行動幫助自己脫身。

奧地利作家茨威格在《栫梏》一書中寫道：「人應該為自己的思想去獻身，而不是為別人的瘋狂去送死。」

的確，電光石火般的人生太過短暫了，而我們想達成的願望卻是那麼多，因此我們只能選擇為自己和心愛的人而活。這麼說雖然現實，但是也是人生中不得不然的無奈選擇。

尤其，在這個奸惡之人當道、詐術騙術目不暇給的年代，許多有心人士更

是處心積慮想要騙取我們的時間、熱情與精力，去為他們賣命，我們怎能不趁早從這些陷阱中儘快脫身呢？

明朝知名的風流才子唐伯虎，精通詩畫，博古通今，文才遠近馳名。寧王朱宸濠久仰其名，便重金禮聘他到自己的封地當官。

唐伯虎走馬上任後，朱宸濠對他相當禮遇。但是，經過一段時間，唐伯虎猛然察覺朱宸濠大肆招兵買馬，有圖謀不軌的跡象，暗自警惕：「此地是火坑，不可久留。」

他清楚朱宸濠生性多疑，倘若公然表達辭隱的意思，必定會引起朱宸濠的猜忌，搞不好還會招來殺身之禍，於是他就仿效孫臏裝瘋賣傻之計，忽哭忽笑，說話顛三倒四。

朱宸濠知道這事之後，派人前來查看他是否真的瘋了，只見唐伯虎全身赤裸、披頭散髮，在眾目睽睽之下淫猥地撫弄自己的生殖器官，還往地上撒尿，

然後又抓起污物來吃。

朱宸濠聽到屬下這番描述，認為唐伯虎真的瘋了，不覺興起憐憫之心，派人把他送回家鄉。

後來，朱宸濠謀逆不成，伏法受誅，餘黨無一倖免，唯有唐伯虎及早脫身，沒有被株連。

缺乏識人之明與觀察能力的人，總是迷惑於眼前的際遇，總是認為對自己好的人就是好人，對自己好的事就是好事，忘記人性是虛偽狡詐的，世事是變動不羈的。這樣一味仰賴別人的結果，其實只會削弱自己的應變能力，有時甚至陷入險境而不自知。

日本心理學家德田虎雄在《產生奇蹟的行動哲學》一書中提醒我們：「行動，行動，行動……只有徹底的行動，才是改變自己，改變自己周圍社會的唯一途徑。」

把自己的人生希望寄託在別人身上，不僅僅是危險的行徑，同時也是可憐

與可悲的懦弱表現。

想要走出爾虞我詐的人性叢林，不被有心人士繼續利用，就必須絞盡腦汁，

用積極行動幫助自己脫身。

萬一想不出更好的點子，不妨學習唐伯虎裝瘋賣傻的計策，讓對方認為你

已經沒有利用價值，而不再對你糾纏不休。

這個方法雖然有損顏面，但是，想要讓自己快活一輩子，暫時委屈自己一

下子又有什麼關係呢？

針對敵人的弱點進行心理戰

面對蠻橫無理而又無知的人，無法跟他們講道理的時候，就要針對他們的弱點進行心理戰。

美國總統林肯曾說：「如果我們能夠了解我們的處境與趨向，那麼，我們就能更好地判斷我們應該做什麼，以及怎樣去做。」

我們在生活中遭受的痛苦與折磨，有些是我們自找的，有些則是週遭的人硬生生加在我們身上的。

無論如何，這些都是相當不愉快的生活經驗，必須盡快擺脫，才能讓自己身心健康，過自己想過的日子。

想要脫離眼前讓自己痛不欲生的困境，就必須下定決心徹底分析自己當前的處境，明瞭自己和對手的優勢與劣勢，然後才能設定往哪個方向突破，以最有效率的方式獲得成功。

以下這個故事雖然有點裝神弄鬼的成分，但是，多少可以讓我們在思索如何突破生活桎梏時，獲得一些啟發。

從前，有一個秀才相當怕老婆，他的妻子是個醋罈子，生性潑辣善妒。

有一次，她怕丈夫到外頭拈花惹草，就在他的腳上綁了一條長繩，只要她一拉繩子，丈夫就得馬上前來報到。

這位秀才簡直活在水深火熱之中，苦不堪言，於是便找機會和一個平日熟識的神婆串謀，趁他的妻子睡午覺的時候，把長繩拴到一頭公羊腳上，自己則逃到外面逍遙。

秀才的妻子午覺醒來之後，便拉動繩子，要丈夫前來報到，誰知丈夫竟然

不見蹤影，卻不知從哪裡跑來一頭公羊。

她大吃一驚，連忙叫人找神婆前來詢問一番。

神婆屋裡屋外邊尋了一圈，然後煞有介事地說：「哎呀，這都是因爲妳平日潑辣善妒，做事太過刻薄，把丈夫當成畜生看待，神明看不過去，因此一氣之下就乾脆把妳的丈夫變成了一隻羊。如果妳願意懺悔改過，我可以幫妳祈求上天寬恕。」

婦人聽了這番話，不禁悲從中來，抱住羊頭痛哭不已，一再向神婆表示自己一定會悔過自新，請她設法幫忙。

爲了把戲演得逼眞，神婆便要她齋戒七天，而且全家大小都要到神壇前默禱，隨即牽著羊走了。

七天之後，這個秀才慢慢晃回家，他的妻子看見他之後，立即痛哭流涕地詢問：「你變成羊好多天，辛苦嗎？」

秀才暗自覺得好笑，但是一本正經說：「嗯，我還記得因爲城裡沒草可吃，只好去啃桌腳，肚子不時隱隱作痛，還拉肚子拉了好幾天。」

他的妻子聽了更加傷心，決心要痛改前非，但是，有時候還是免不了會流露潑辣善妒的本性。

每當這個時候，這個秀才便故意爬在地上，裝成羊的樣子亂跑亂叫，婦人大驚不已，表示以後再也不敢善妒了。

這個故事告訴我們，擁有比別人更多的知識就是擁有征服的力量，尤其是，面對蠻橫無理而又無知的人，無法跟他們講道理的時候，就要針對他們的弱點進行心理戰。

智力會增加成功的機率，因此我們平常就得鍛鍊自己的腦力，讓才智像太陽一樣發光發亮，如此它才可能成為克敵致勝的秘密武器。

同樣的，自認為性格懦弱、意志力薄弱的人，也應該針對自己的弱點，加強心理建設。

困難，往往是我們薄弱的性格想像出來的……徬徨、膽怯、逃避……種種負

面心理，總是使得我們將一灘淺水想像成汪洋大海。

人若是碰到不如意的事情就陷入苦惱的迷宮，一直想個不停，最後必然會因為苦惱、疑惑而一蹶不振。其實，只要我們不去想負面的事情，性格自然可以變得樂觀開朗。

一個人只要腦海中存有「我是個很堅強的人」或是「不論碰到任何事情我都能隨機應變，沒什麼好怕的」之類的念頭，性格自然能夠隨之改變，進而誕生一個嶄新的面貌。

要解決問題，就要善用工具

抓賊要先抓賊頭，治病要對症下藥，這些事半功倍的道理人人都懂，不過，你得先知道賊頭在哪裡，病根又在哪裡。

世間的道理都很容易懂，但是當問題找上我們時，卻又常常讓我們感到六神無主，不知從何下手！

有人說，這是經驗不足的緣故。或許吧，經驗不足當然會讓人手足無惜；不過，認識、掌握問題核心的能力，恐怕更重要。

即使沒經驗，如果明白問題核心在哪裡，就會知道從哪裡切入，從哪裡解開盤根錯節，從哪裡獲得你想要的結果。

抓賊要先抓賊頭，治病要對症下藥，這些事半功倍的道理人人都懂，差別只在巧妙運用各有不同。

唐朝安祿山造反時，他的兒子安慶緒派遣部將尹子奇率領大軍攻打睢陽城。

守將張巡領導有方，將士用命，不斷擊退來犯的賊兵。

張巡是一個優秀聰明的將領，為了打開僵局，解決圍城危機，深深知道「擒賊先擒王」的道理。所以，他一直在找機會，想要以弓箭手，將尹子奇一箭穿心，只是沒有人認得出誰是尹子奇。

螞蟻發現食物後，通常會互相傳遞訊息，將同伴引來一起運送回窩。人發現了好東西，是不是也會通知其他同類一起來分享，可能因人而異。不過，兩軍對陣，出現異狀，總會引起騷動，即刻向主帥報告。

基於人類這種心理反射的特性，張巡想出了一個好辦法。他要士兵收集蒿草，做成箭矢，並且朝著賊兵猛射。賊兵發現自己中的是草箭之後，當然先是

一陣莫名其妙，以為張巡部隊已經沒箭可用了，於是紛紛跑去向尹子奇報告。

尹子奇果然以眾星拱月的形態出來看個究竟。

賊頭現身，張巡麾下頭號猛將南霽雲，抓住了這稍縱即逝的好機會拉弓便射。南霽雲箭術高超，一箭就將尹子奇的左眼射穿，受重傷的尹子奇只好退兵，睢陽之圍立刻解除。

🌸

人生的歷程，充滿各種艱難與挑戰，有些問題很具體，不難解決；有些問題則是盤根錯節，難以捉摸，甚至非常抽象，如何解讀，如何找到病根，有效切入關鍵點，在在考驗每一個人的見識與能力。

雷達不是殺人武器，但飛彈必須依賴它的追蹤，鎖定功能，才能更有效打下敵機。草箭也是一樣，都是解決問題的工具，可見，要解決問題，就不能忽視工具的存在，以及善用工具的能力。

小心成為被算計的對象

這是一個敵人無所不在的社會，雖然沒有戰爭的形式，卻有激烈競爭的事實。當有心人盯住你時，你可能就是一隻待宰的羔羊！

人的喜好與慾望，其實就是人的弱點與罩門。不要說你與人無冤無仇，也不要說你與世無爭，什麼弱點、什麼罩門，統統與你無關！

當然，如果你是個萬事無所謂的凱子，那確實沒什麼大不了。

如果你對你的人生覺得「無所謂」，不想被無端消費、乾洗、消耗，最好將你的喜好稍微節制，或者是略做隱藏，不要將喜好與慾望在光天化日之下裸露，尤其在這個講究消費與競爭的時代與社會。

宋朝寶元年間，黨項族人侵犯邊界，其中，明珠族的首領非常慓悍，很不容易應付。更不容易的是，奉派征討的將軍种世衡得到的指示是活捉他，而不是殺死他。

在幕僚會議上，大家想來想去都想不到好方法，後來，有人說起這位首領很喜歡打鼓，是一位「鼓癡」。

种世衡聽到後喜形於色，於是，便派人製作一個精美的戰鼓，外覆一層銀，妝點得相當華麗、新奇，並由一位穿著銀色衣服的人，以極吸引人的姿態，偷偷地送往明珠族的住地上去兜售。

緊接著，种世衡又親自挑選了數百名精銳士兵，化裝尾隨跟蹤，並命令他們鼓賣了以後，如果看見有人持著銀鼓外出敲擊，就將他活捉。

這麼特殊、華麗的戰鼓，只有頂尖的人才配擁有。明珠族的首領，這下中計了，不僅以重金買下了它，還迫不及待想試試身手。當然，也這樣被宋軍輕

易地活捉了過去。

我們置身的是一個敵人無所不在的社會，雖然沒有戰爭的形式，卻有激烈競爭的事實。

這樣說或許是危言聳聽，但是如果你的消費習慣、你的收入狀況、你的賺錢能力、你的前景和潛力……等等，都成了別人電腦裡頭的分析資料後，也許會給你帶來不少榮耀與尊崇，不過，與此同時，你也成了被算計的對象。

當有心人盯住你時，你可能就是一隻待宰的羔羊！

你是天真，還是愚蠢？

見獵心喜是人的通病，尤其平白無端撿到好處，更容易讓人得意

忘形，而忽略了可能隱藏其中的危機。

粗枝大葉有時叫豪爽，有時則叫粗心；謹慎小心有時叫仔細，有時則叫多

疑！什麼時刻該粗枝大葉，睜一眼閉一隻眼，什麼時候又該謹慎小心，明察秋

毫，似乎要看什麼事，什麼對象而定。

事實上，如果碰上無傷大雅的事情，以什麼態度來應對，都不會有問題。

一旦碰上有得失、有成敗、有計較的事務，該謹慎小心時，就不能粗枝大葉、

馬馬虎虎！

三國時期，吳國大將呂蒙接受蜀漢的荊州城守將糜芳投降後，還沒看到糜芳的本人，就高興地召集所有將領，準備飲酒作樂，大肆慶祝一番。

看到這種情形，呂蒙身邊的謀士虞翻對他說：「就目前的訊息來看，投降我們的不過是糜將軍一個人而已，至於城內其他人的想法如何還不知道，我看還是得先進城看看，確認一下才好。」

呂蒙接受了虞翻的看法，就馬上要行動。

這時候，虞翻又說：「別那麼急，如果城內設有伏兵，我們兩個都會完蛋，還是和糜芳一起進城比較保險。」

入城之後，虞翻挾持糜芳，並發佈假令命說：「我糜芳今天脫困回來，願意與大家共生死，如果有誰願意出面抵抗敵軍，我會相當感激！」

說完，一些根本不想投降的將領陸陸續續走了出來。虞翻當然是全部將他們捕殺，呂蒙這才安安心心地進佔荊州城。

見獵心喜是人的通病，尤其平白無端撿到好處，更容易讓人得意忘形，而忽略了可能隱藏其中的危機。

凡事太天真、太單純，往好的方向想是樂觀、豪爽、沒心機，可是往壞的一面想，則是愚蠢、沒腦子！

這些道理很平常，只是有時候，情緒HIGH過頭了，難免忘記。

虞翻是個經學專家，心思細膩周到，處事有節有律，呂蒙有了他，才免於人頭落地。事實上，任何團體、組織如果缺乏虞翻這種類型的人物，恐怕都很難不自亂陣腳，把可以贏的棋局玩到輸掉！

03

提防別人對你
進行「道德謀殺」

拿破崙曾說：「暗殺一個人有許多種不同方式，
用手槍、刀劍、毒藥，或是道德上的暗殺。
這些方式的結果是相同的，
只是最後一種更為殘酷。」

不要與豺狼共舞

馬基維利在《君王論》裡說：「只有依靠你自己和你自己的能力，才是可靠的、有把握的和持久的。」

墨西哥有句俗諺說：「千萬不要相信豺狼，你給牠一個指頭，牠就會吞掉你整個胳膊。」

世間有太多吃人不吐骨頭的豺狼，但是有的人被名利富貴沖昏了頭，偏偏想與豺狼合謀，試圖設下陷阱誆騙別人，殊不知，最後一個掉入陷阱的往往就是自己，白白成了豺狼的點心。

以下的這個故事，就是我們必須引以為戒的教訓。

唐代宗時期的名將李抱貞坐鎮潞州之時，由於軍資匱乏，便無所不用其極地四處籌措。當時，潞州有一老和尚德高望重，頗受民眾敬仰，李抱貞便把他請來，恭恭敬敬地說：「目前軍資匱乏，我想借重您的聲望來籌措軍餉，不知可不可以嗎？」

老和尚說：「這沒有不可以的。」

李抱貞便將事先想好的計謀說出：「那就請您向信徒宣佈，您已決定挑選良辰吉日，要在球場焚身升天，請信徒們捐錢做法事。我會在附近挖一條地道，與球場中央相通，等到大火點燃以後，您就悄悄從地道中爬出，然後對信徒宣稱，西方佛祖要您繼續留在凡間普渡眾生。如此一來，我籌得了軍資，您的威望也會如日中天。」

僧人聽了樂不可支，很高興地接受了這個計劃，於是開始四處宣傳自己即將焚身升天。

隨後，李抱貞便在球場中央堆積柴薪，連續作了七天法事，晝夜香火不斷，誦佛唸經之聲不絕於耳。另外，他也請老和尚進入地道，讓他詳細察看，消除他的心中疑慮。

到了焚身當天，前來觀看的善男信女摩肩擦踵，把球場擠得水洩不通。時辰一到，老和尚身著華麗袈裟登上祭壇，手持香爐，對眾人弘佛說法；李抱貞也率領僚屬到場頂禮膜拜，並率先把自己的俸祿全都捐出。善男信女們見狀，也紛紛捐出自己的財物，施捨的錢財不計其數。

李抱貞歆足了錢財，這才派人點燃堆積的柴薪，並擊鐘唸佛。但是，就在老和尚想要爬出地道，向信眾展現「神蹟」之時，赫然發現李抱貞暗中派人將地道堵死了。

不一會，老和尚和木柴同時化為灰燼，李抱貞隨即派人清點財物，全部用馬車載回軍營。

馬基維利在《君王論》裡說：「只有依靠你自己和你自己的能力，才是可靠的、有把握的和持久的。」

要與豺狼共舞，必須先估算一下自己究竟有多少本事，要是自己能力不足，必須依賴別人才能成事，就別貿然嘗試。

千萬不要聽信別人提供的狡詐手段，試圖以此滿足自己虛榮和慾望，否則下場就像故事中貪圖聲譽的老和尚一樣。

呆頭呆腦的老和尚「與豺狼共舞」的結果，白白丟掉自己寶貴的生命，而且恐怕臨死之前，還不敢相信，堂堂一代名將李抱貞竟然會幹出這種「謀財害命」的勾當！

要做好人，先學會做聰明人

與人相處的時候，多一點保留和警戒心，不要輕易説出真心話，是一種保護自己也保護別人的方式。

托爾斯泰曾說：「想做個人人稱讚的好人，力求誰都知道自己是個好人，無疑是最愚蠢的。」

確實如此，人往往為了面子和虛榮，強迫自己裝扮成好人的面目，以贏得別人的讚許，最後卻讓自己苦不堪言。

人生的陷阱無所不在，許多人被坑被騙，並不是他們的智商不足，而是他們一味想當個「人見人愛」的好人，不管什麼人都不加提防，不管什麼事都不

好意思拒絕，結果自然是一再被坑、被騙、被利用、被陷害，成了不折不扣的蠢蛋。

有個連鎖的補教業，聘請多位老師。這些老師除了指導學生的課業之外，還必須負起招生的責任，因此，老師與老師之間形成一種無形的比賽，誰能留住最多學生，誰就有機會升等、加薪。

到了招生季時，所有老師卯起勁猛拉學生。在休息時間，B老師突然和A老師攀談起來，說著說著，抱怨起公司的型態，A老師安慰了他，並且告訴他自己的看法。沒想到隔了幾天，補習班主任突然將A老師找了過去，並指責他散佈對補習班不利的消息。

這時，A老師才發現，原來B老師將自己安慰他的話加以扭曲，並到處傳播，不但毀損了他的形象，還搶走了他的學生！

馬克・吐溫在已經進入禁止漁獵的季節裡，前去緬因州的森林釣了三個星期的魚，可說是滿載而歸。在回程的火車上，無聊的他和坐在隔壁的陌生人聊天，不斷向陌生人誇耀自己這次的釣魚之行。

起初，陌生人有一句沒一句地應對著，後來愈聽臉色愈不對勁，到最後還板起了臉孔。馬克・吐溫見狀感覺到有些奇怪，便問道：「冒昧請教，您是從事什麼行業的？」

「緬因州的漁獵監督官。」馬克・吐溫一聽差點把含在嘴裡的雪茄嚥下去。

那人接著又問：「你是什麼人？」

「天啊！我告訴您實話吧，長官，」馬克・吐溫急忙改口說：「我是全美國最會說謊的人。」

英國大作家狄更斯也有類似的經歷，有一次他在某條河邊釣魚，等到快睡著時，身旁突然來了一個人。

「下午好啊！先生。」那人有禮地問候：「您在釣魚嗎？」

「你也好啊！」狄更斯隨口答道：「可惜釣了老半天，連一條魚也沒釣到。」

可是我昨天也是在這個地方，釣了十幾條魚啊！」

那人聽完回答後笑了笑，又說：「真是遺憾啊！先生，您知道我是幹什麼的嗎？」他從口袋掏出一本簿子，「我是專門查辦在這條河上釣魚的人。」說完便提筆打算對狄更斯開罰單。

見到這突發的狀況，狄更斯連忙反問：「那麼，先生，你知道我是做什麼的嗎？」沒等對方回答，又接著說：「我是一個作家，虛構故事就是我的本業。這樣你明白了嗎？剛才的話，完全是虛構的。」

外交家、實業家兼慈善家沃爾夫曾經說過：「一個再沒有心機城府的人，也要懂得如何察言觀色。」

因為，察言觀色不僅可以讓自己從對方的表情和言行，提早知道對方心中在想什麼，進而預設自己下一步該如何與對方互動，更可以在危急的情況下，

避免讓自己陷於更不利的境地。

與陌生人交談時要特別注意談話的內容，尤其是主動攀談、看起來坦率的人，通常是別有目的。馬克‧吐溫和狄更斯隨機應變的幽默，讓他們免除了一張罰單，但是，若他們在說話前能夠多一點心機，先考慮到「違法釣魚」的問題，就不會輕易將「違規事件」洩底了。

人生就是戰場，不只是陌生人，就算是交情不錯的朋友，也有可能隨時扯你後腿，誰也不能保證親密夥伴沒有背叛自己的一天。因此，與人坦率相對時也要有所保留，為了避免被陷害的人際風險，即使是面對再親密的人，也不能毫無保留地掏出所有真心話。

每個人都應該要保有自己的「秘密」，雖然不用到草木皆兵的地步，但是防人之心不可無。與人相處的時候，多一點保留態度和警戒心，不要輕易說出真心話，是一種保護自己也保護別人的方式。

做人不可以沒有心機，也一定要會看時機；在知識經濟的時代，想要比別人快一步成功，做事就要更懂得變通。

評估人心，不要掉以輕心

評估人心的時候，審視他人的眼光要更為謹慎、銳利，眼光放遠，不能把一時的言論與行動當做唯一的評價指標。

美國大作家愛默生曾說：「成功者並非比失敗者有腦筋，只不過他們比失敗者多了一點心機。」

的確，在人性的這條高速公路上，「心機」絕對是讓你避免受重傷的「安全氣囊」，無論你的本事多高強，做人做事最好還是要有點心機，才不會在關鍵時刻，出現要命的「當機」！

我們永遠不知道別人的心裡究竟在想什麼，為了提防對方使詐，做人要多

一點心機，做事要多一點心計。

越工於心計的人，越擅長隱藏心中真正的想法，越厲害的人就藏得越深、越久，評估他人時千萬不能掉以輕心。

俾斯麥三十五歲時擔任普魯士國會的代議士，這一年是他政治生涯的轉捩點。當時奧地利是普魯士南方強大的鄰國，曾經威脅德國如果企圖統一，奧地利就會出兵干預。

俾斯麥一生都在追求普魯士的強盛，夢想打敗奧地利，統一德國。他是個熱血沸騰的愛國志士和好戰分子，最著名的一句話就是：「要解決這個時代的問題不能依靠演說和決心，而是要靠鐵和血。」

但是令所有人驚訝的是，這樣一個好戰分子居然在國會上主張與鄰國保持和平。他當時發言說：「對於戰爭後果沒有清楚的認識卻執意發動戰爭的政客，請自己上戰場赴死吧！戰爭結束後，你們是否有勇氣承擔農民面對農田化為灰

燼的痛苦？是否有勇氣承受人民身體殘疾、妻離子散的悲傷？」

在國會上，他盛讚奧地利，為奧地利的行動辯護，這與他一向的立場背道

而馳。最後，因為俾斯麥的堅持，終於避免了一場戰爭。

幾個星期後，國王感謝俾斯麥為和平發言，委任他為內閣大臣。

可是，過了幾年之後，俾斯麥成為普魯士的首相，終於施行鐵血政策，對

奧地利宣戰並統一了德國。

既然「鐵血宰相」俾斯麥從未忘記過德國的統一，又為什麼會在國會上發

表那樣的違心之論呢？

這是因為他所追求的不是一時的口舌之快，而是要一步步將權力握在手中，

如此才能實踐自己的夢想，發動統一戰爭。

為了要成為普魯士宰相，為了避免國力薄弱的時候和奧地利正面衝突，無

論如何都必須隱忍，一時的謊言又算得了什麼呢？

不過，從俾斯麥的這則故事，我們也了解，評估人心的時候千萬不要掉以輕心，審視他人的眼光要更為謹慎、銳利，像俾斯麥這樣城府甚深的人，不可能將他真正的企圖般地輕易顯露出來。

做人做事要把眼光放遠，看人要看到骨子裡，不能把一時的言論與行動當做唯一的評價指標，要注意這個人是否說一套、做一套，舉止與言論是否前後不一，這才是應該關注的重點。

越有權謀計略的人，越是擅於隱藏自己的真心，看完俾斯麥的故事後，我們應該更明瞭這點，往後在評估他人行為與言論時，更要加倍謹慎。

提防別人對你進行「道德謀殺」

拿破崙曾說：「暗殺一個人有許多種不同方式，用手槍、刀劍、毒藥，或是道德上的暗殺。這些方式的結果是相同的，只是最後一種更為殘酷。」

日本相撲界強調，想要成為一個成功的力士，必須堅守「三不」原則。

所謂「三不」原則，就是不生病、不受傷、不理會，其中又以「不理會」這條守則最為重要，就是對於失敗、挫折，以及別人對自己的看法和批評，全都不加以理會。

一個人若是在意別人對自己的批評，就會作繭自縛，凡事先想到是否對自己的聲譽有所損害，而想要表現得更加符合旁人的心意。如此一來，就等於將

自己禁閉在虛榮的牢籠中，別人的批評和讚譽，反而會使自己精神層面的成長停頓下來。

因為設立諾貝爾獎而享譽國際的火藥商亞佛雷得‧諾貝爾，曾經是一個惡名昭彰的大奸商，也是一個對別人的批評置若罔聞而獲得成功的典範。

儘管，他尚未聲名遠播之前，法國人對他的批評極為尖酸刻薄，例如「該死的商人」、「專門搞破壞的惡棍」、「冷血無情的火藥桑」……但是，他絲毫不以為意。

諾貝爾是瑞典人，但是在巴黎住了十八年，從事軍火研發及買賣。

他為了改良槍砲彈藥等武器，打通關節向法國政府借了一座靶場，進行各式各樣的試驗。後來，他研發出無煙火藥，想要將專利賣給法國政府狠狠撈一筆，不料法國政府嫌他開價太高，拒不接受，於是，諾貝爾就將專利轉賣給義大利政府。

諾貝爾研製出來的軍火產品，幾乎都在他稱為「第二故鄉」的法國境內實

驗成功，倘若賣給其他國家還情有可原，可是他卻見利忘義，偏偏將無煙火藥

賣給法國的死對頭義大利，因此法國人相當憤慨，大罵他是「該死的商人」、

「專門搞破壞的惡棍」、「冷血無情的火藥梟」……

對於這些謾罵，諾貝爾根本懶得理會。

後來，他在世界各地設立了許多火藥公司，累積了龐大的財富，便開始積

極營造自己的形象。

他拿出一大筆錢創設諾貝爾獎，獲得各國人士的器重，從此搖身變成一個

全球聞名的偉大人物，也扭轉了過去大家對他的卑劣印象。

拿破崙曾說過一段膾炙人口的話：「暗殺一個人有許多種不同方式，用手

槍、刀劍、毒藥，或是道德上的暗殺。這些方式的結果是相同的，只是最後一

種更為殘酷。」

因為，當你患得患失地面對別人的批評之時，就會失去自由自在的思考能力，無法放手去做自己真正想做的事，最後就無可避免地淪為任由別人價值觀念操縱的傀儡。

所謂的批評，常常是一種道德上的謀殺。

所謂的建議，通常也是不負責任的餿主意。

在變動不羈的人生旅程中，必須時時提醒自己「人性本來就很詐」，認清各種包藏禍心的批評與建議，避開可能坑殺自己的陷阱。

諾貝爾的例子足以說明，世人都是趨炎附勢的庸碌之徒，只要你成功了，別人對你的評價自然而然會大為改觀。

「沽名釣譽」有什麼不好？

假如你覺得自己懷才不遇，想要改變現狀，不妨學習陳子昂「沽名釣譽」的方法，努力為自己創造機會吧！

法國思想家狄羅德說：「沒有目標，就做不成任何事；目標渺小的人，就做不成任何大事。」

人必須抱持著樂觀的態度積極求勝，想要使自己出人頭地，心中必須存有絕對不輸給別人的信念。

只要設定目標就會產生自信，一旦有了自信，就能適應社會的變化無常，過著樂觀奮鬥的生活。

唐朝初年的大詩人陳子昂曾經寫過「前不見古人，後不見來者；念天地之悠悠，獨愴然而涕下」的千古名句，但是，他剛從家鄉四川風塵僕僕到京師長安謀發展之時，並沒有多大名氣，因此整天苦思良策，覓尋能讓自己一舉成名的「終南捷徑」。

有一天，他經過市集，見到有個賣胡琴的人，聲稱他的琴是上古留傳下來的罕見珍品，價值百萬，圍在一旁觀看的富豪顯貴們競相傳閱，但是卻無人能夠分辨真假。

這時，陳子昂突然從人群中昂然走出，對左右侍從說：「用車子拉一千貫銅錢來，將這把琴買下。」

眾人見到陳子昂出手如此闊氣，都感到驚奇，紛紛上前詢問他為什麼連看都不看就把胡琴買下。

陳子昂回答道：「這是因為，我對彈奏胡琴很在行。」

有人開口問說：「喔？那我們可以欣賞一下你的琴藝嗎？」

陳子昂回說：「沒問題，明天你們可到寒舍來。」

第二天，許多人按照約定時間來到陳子昂的住處，只見那裡早已備好酒菜，胡琴則放在桌前。

大家吃完飯後，便起鬨要求陳子昂彈奏胡琴，陳子昂手抱胡琴說道：「蜀人陳子昂，著有文章百卷，風塵僕僕來到京城，但卻鮮為人知。演奏胡琴乃是低賤的樂工所為之事，不值一哂！」

說完，陳子昂便將胡琴摔在地上，霎時胡琴支離破碎。接著，陳子昂便把自己刻印好的文章取出贈送給前來湊熱鬧的人。眾人讀了，嘖嘖稱奇，一天之內，陳子昂就譽滿京城。

唐代文風鼎盛，只要有文采，都能獲得傳頌讚揚。陳子昂利用胡琴施出奇計「沽名釣譽」，果然聲名大振。

有句諺語提醒我們：「人既要有一步登天的雄心壯志，也要有步步為營的踏實態度。」

假如你覺得自己懷才不遇，想要改變現狀，不妨學習陳子昂「沽名釣譽」的方法，努力為自己創造機會吧！

別說自己沒辦法，路是人走出來的，辦法也是人想出來的，只要你想要成名的慾望夠強，就一定可以跨越障礙。

如果你厭倦了思想呆板、毫無創意的自己，不妨將以往陳舊的慣性思考模式拋開，重新尋找一些新的思考方法；經過訓練之後，你的潛意識就會朝著新的思考方向發揮作用，一個嶄新的自我自然會應運而生。

把迷信變成樂觀的思想

法國文豪羅曼羅蘭說：「信仰不是一種學問，而是一種行為，它只有在被實踐的時候才有意義。」

日本名作家三島由紀夫曾經在他的著作《行動學入門》中寫過一段話：「當我們在做一件事情時，總是先訂下一個自認為合情合理的計劃，然後才著手去幹，但是，過程中往往卻被一些事前未曾預料到的力量阻礙，以致於前功盡棄。

因此，人們經常感覺到有一股神秘力量環繞在我們的生活圈子裡，左右我們一切的行動。」

確實如此，人總是覺得自己擬定的計劃合情合理、無懈可擊，最後一定能

夠成功，但是卻經常受到偶發因素的干擾，以致於計劃進行得不順利，所以，有些人就開始祈求神佛幫助，或者借助神佛的力量穩定軍心。

北宋年間，廣西壯族首領儂智高率眾叛變，據地稱王，名將狄青奉命徵調駐紮在桂林的軍隊前往征討。

由於壯族位於蠻荒瘴癘之地，加上山路險阻難行，軍隊剛剛從桂林出發，兵士們便個個面露疑懼的神情。

狄青知道南方的習俗特別崇拜鬼神，因此經過一處山神廟時，便命令眾士兵暫時歇息，然後恭恭敬敬地在廟前對天告禱說：「這回前去征討壯族，勝敗難料，我在這裡誠心向上蒼祈禱，庇祐我們能夠凱旋歸來。現在，我手中有一百枚銅錢，我把這些錢擲出去，如果全部出現正面，就表示上蒼將庇祐我們大獲全勝。」

左右參將連忙勸告狄青說，萬一銅幣撒出去後不能全部現出正面，恐怕會

對士兵產生負面的心理影響。

但是，狄青不聽勸告，在眾目睽睽之下信手一撒，把手上的一百枚銅錢全部擲出去，派人查看的結果，竟然全部都是正面。一時之間，兵士們歡聲雷動，聲音迴盪山谷。

狄青見狀相當高興，接著，又派人拿來一百根鐵釘，將每個銅錢釘住，然後對士兵們說：「等我們凱旋歸來之時，再來取錢謝神。」

後來，狄青果然順利平定壯族之亂，班師返回桂林途中，經過這座山神廟的時候，派人取回了鐵釘、銅錢，士兵們拿起銅錢一看，才發現，錢幣的兩面居然都是正面。

征討壯族之路崎嶇險阻，加上崇山峻嶺中瘴癘之氣瀰漫，導致兵士們疑懼不前，因此，狄青才會拿出事先準備好一百枚「特製」的銅錢，假借鬼神的名義，增強軍隊戰勝的信心，也因此獲得勝利。

日本作家三島由紀夫認為，世界知名的冒險家和政治家當中，有許多人是神秘主義者，他們相信宇宙之中有一種不可思議的力量，可以幫助自己獲得成功，因此面對危險和困難時，他們的心情會鎮定下來，從不安和恐懼中解放出來，進而產生更多對抗障礙的勇氣。

大多數的冒險家或政治人物都相信占卜的神秘力量，有趣的是，他們除了充滿野心、賭性堅強以外，還有一種特殊的現象，那就是只相信對自己有利的預言，不利的部分就完全不相信。

譬如，看手相或是批流年的時候，算命師所說的好話，他們會記得一清二楚，至於那些不利的預測，他們一轉身就全部忘掉了，這樣的迷信可以說是充滿了樂觀的思想。

也許有人會反駁：「只相信好的一半，卻不相信另一半壞的，這不是很矛盾嗎？如果覺得算命不可信，那就不要相信算了。如果相信有利的部分，那麼不利的部分也應該相信才對！」

但是，占卜的奧妙就在這裡——你相信什麼，最後就會得到什麼，一味講

求它的科學性，是愚笨至極的行為，根本不了解占卜的本質。

法國文豪羅曼羅蘭說：「信仰不是一種學問，而是一種行為，它只有在被實踐的時候才有意義。」

遭遇挫折或者困難的時候，我們應該學習狄青激勵士兵的智慧，充滿樂觀進取的思想，讓「樂觀的迷信」變成一股積極的動力，讓自己和週遭的人充滿信心和勇氣。

以牙還牙，才是成功的心法

俄國作家赫爾岑說：「人生只有在鬥爭中才有價值，只有受過痛苦，才能領悟人生的價值。」

儘管，許多所謂的「賢人」一再告誡我們，報復是心胸狹隘的，要學會放下，但是，這種一味想要息事寧人的消極想法，只會使壞人更加氣焰高張，好人更加無處容身。

以牙還牙，才是成功的心法。

一個弱者想在現實又勢利的社會生存下去，必須要有這種報復雪恨的態度，這是人生中最積極的能量。

越王勾踐被吳王夫差打敗後，困守在會稽山上，不得不派人向夫差求和。

夫差得意滿地接受了勾踐的請求，但是提出苛刻的條件，要勾踐到吳國當夫差的僕人，勾踐礙於情勢，不得不忍辱答應。

勾踐到吳國後，住在山洞裡，每次夫差外出，他就恭恭敬敬地走在前頭為他牽馬；遇到路上有人故意羞辱謾罵，勾踐也始終低頭不語，表現出一副奴顏婢膝的模樣。

他表面上裝得懦弱無能，暗中卻積極策劃復國雪恨的計劃。

有一次，夫差病了，勾踐聞訊前去探望，為了表達自己對夫差忠心耿耿，便虛情假意地對夫差說：「我曾跟名醫學過醫道，只要嚐一下病人的糞便，就能知道病情的輕重。」

隨即，勾踐親口嚐了嚐夫差的糞便，然後裝出一副諂媚的模樣對他說：「恭喜大王，剛才我嚐了大王的糞便，味道有點酸有點苦，應該是得了『時氣之

症』。得了這種病，很快就會好，請大王不必擔心。」

夫差聽了不禁大受感動，認為勾踐比自己的兒子還孝順，而且他卑賤到這種程度，必定不會有反叛之心，不久便釋放勾踐回到越國。

回到越國後，勾踐臥薪嚐膽，禮賢下士，招兵買馬，經過十年生聚教訓後，終於報仇雪恥，一舉滅了吳國。

俄國作家赫爾岑說：「人生只有在鬥爭中才有價值，只有受過痛苦，才能領悟人生的價值。」

人如果時常被別人欺負、糟蹋，總會覺得心有不甘而想要報復，這是極為正常的心理反應。

正因為心裡存著報復的念頭，人才能激發出奮鬥的動力和目標。一旦受到別人的欺壓、凌辱，而心中卻沒有一絲報復的念頭，將會成為自卑感的俘虜，不但影響心理的健康，一輩子也只能不斷地向更底層沈淪，永遠也見不到人生

的光明遠景。

狡猾虛僞、欺詐殘忍、言行不一是人性的重要特徵，因此，如果你不想繼續受傷害，就必須逼迫自己成爲強者，讓人不敢輕侮。

勾踐臥薪嚐膽的故事提醒我們，當我們處於弱勢的時候，一定要咬緊牙關盡量忍耐，等到自己的實力壯大到可以打敗敵人的時候，一定要以其人之道還治其人之身，並且要想盡辦法徹底殲滅他們，絕對不可以手下留情，這是成功的最基本原則。

幻想就能創造奇蹟

俄國作家謝得林說：「要在自己的心中培養對未來的理想，因為理想是一種特殊的陽光，沒有陽光賦予生命的作用，地球會變成石頭。」

古諺有云：「吾心信其可成，則無堅不摧。吾心信其不可成，則反掌折枝之易亦不成。」

只要你心中認為事情可以成功，那麼，就會以積極的態度面對，計劃實行起來一定得心應手。

相對的，如果猶豫畏縮、意志不堅，認為無法突破層層難關，那麼事情就可能真的無法成功了。

孔融當北海國宰相的時候，得知太史慈為了躲避戰禍帶著母親到了遼東，曾經幾次前去探望，令太史慈感到相當窩心。

後來，太史慈聽說孔融被黃巾賊包圍的消息後，立即從城門缺口處進入北海城中拜見孔融。

孔融請太史慈前去向劉備求救，但是，此時黃巾賊的包圍圈已經十分嚴密，難以突圍出城。

太史慈想了又想，終於心生一計，隨即率領兩名騎士攜帶箭囊，手持弓箭，騎馬出城。由於兩名騎士每人各帶著一百個箭靶，讓民眾大為驚訝，不知他葫蘆裡賣什麼藥。

太史慈迤自馳至城下的堤塹之內，命令兩名隨從插上箭靶，然後援弓勁射，箭射完之後隨即返回城內。

第二天，太史慈又帶兩名隨從到堤塹之內射箭。這樣一連進行了許多天，

圍城的黃巾賊對於他的舉動已習以為常，不再費心防備，或坐或臥，甚至還有人倒地而睡。

又過了幾天，太史慈整理好行裝，草草進食以後，跨上坐騎，又馳至城下堤塹之內，突然快馬加鞭，衝出重圍。

等到圍城的黃巾賊發覺以後，太史慈已經奔馳了數里路程，最後他終於向劉備請來援兵，解除了孔融的圍城危機。

事在人為，只要你具備智慧和勇氣，那麼不論什麼難事都難不倒你；只要你對自己充滿信心，那麼不論任務多艱鉅，你都可以積極完成；如果你懂得審時度勢，那麼再慓悍的敵人也困不住你。

有些心理學家認為，意志的強弱，其實取決於自我的暗示，因為大部分意志薄弱的人，往往都是由於心中存有「自己意志薄弱」的觀念，最後終於成為一個意志不堅強的人。

俄國作家謝得林曾經勉勵意志不堅的人設法改造自己，他說：「要在自己的心中培養對未來的理想，因為理想是一種特殊的陽光，沒有陽光賦予生命的作用，地球會變成石頭。」

只要信心堅強，就會對自己的未來充滿希望，有了希望就能夠找出突圍的方法創造奇蹟，就像太史慈一樣，儘管在黃巾賊嚴密包圍之下，仍然堅定地認為自己能衝出重圍，最後終於化解危機。

即使虛情假意，
　也要做得徹底

凡事只要看開了，做事的態度自然會變得從容而冷靜，

膽量會變大，臉皮會變厚，

搞不好虛情假意的事情也做得出來。

小心，有人要借你的人頭

一味唯唯諾諾依照別人指令行事的人，表面看起來似乎很安全，

但事實卻不然，有時連自己的人頭被借了都還不自知。

建立蘇聯政權的革命家列寧曾說：「我們不相信有永恆不變的道德，並且要揭穿一切有關道德的騙人的鬼話。」

人的心理和行動，就像是一座冰山，我們所看到露出水面的一小部分，是由水底的一大部分支撐著。

我們很難洞察別人的心裡究竟打著什麼如意算盤，因此，當別人提供某些建議的時候必須深思熟慮，才決定採納與否。

曹操率領十七萬大軍攻打李豐，每日耗費糧食浩大，曹操想要速戰速決，

無奈李豐卻緊閉城門，任憑曹軍如何叫罵，就是不出城應戰。曹操不得已，只

得寫信向孫策商借糧米十萬斛應急。

曹軍包圍李豐一個多月後，眼看糧食將要用完，孫策的十萬斛借糧又在途

中尚未運到，管理糧倉的倉官王垕急急忙忙前往稟報曹操說：「如今兵多糧少，

應當怎麼辦？」

曹操沉吟了一下，回答說：「當今之計，也只有用小斛分發軍糧，暫時應

付燃眉之急吧！」

王垕憂慮地說：「萬一兵士們埋怨起來，應該如何是好？」

曹操笑著說：「沒關係，照我的吩咐去做，到時候我自有對策。」

隨即，王垕便依照曹操的命令，以小斛分發軍糧。

不久之後，曹操暗中派人到各軍營去打聽風聲，得知士兵們怨聲載道，交

相指責丞相欺騙大家。

曹操於是密召王垕前來營帳，對他說：「事到如今，我想借你身上的一樣

東西來平息眾怒，你可不要吝惜才好。」

王垕狐疑地問道：「丞相想借什麼東西呢？」

曹操笑嘻嘻地說：「我想借你的人頭！」

王垕聽了大驚失色，連忙哀求說：「丞相，我一切都是照你的交代去做，

並沒有犯錯啊！」

曹操歎口氣說：「唉，我也知道你沒罪，但是，如果我不殺掉你，軍心就

難以穩定。你死了之後，你的妻子兒女我會妥善代為照顧，你就不必擔心掛慮

了，安心上路吧！」

王垕還想再申辯，曹操卻已翻臉不認人，轉身傳喚刀斧手：「把王垕推出

帳外一刀斬了！」

然後，曹操把王垕的人頭懸掛在高竿上面，並貼出告示說：「王垕故意用

小斛分發糧米，從中盜竊官糧，按照軍法斬首示眾。」

眾士兵見狀，都認爲糧米的問題原來是王垕搞的鬼，丞相當機立斷將他斬

首，眞是明察秋毫，怨怨開始緩解。不久，孫策派人運來十萬斛糧米，終於解

決了曹操的缺糧危機。

　　《君王論》的作者馬基維利曾經說過一則定律：「騙子總是能找到願意上

當、受騙的對象。」

　　所謂騙術，就是用狡猾的手段或欺詐的做法，利用別人的輕信、偏見而牟

取利益或地位。

　　我們不難發現，所謂的成功人士，通常不只有能力、肯努力，面對讓自己

難堪的處境，也能厚著臉皮保持鎮靜。到了緊要關頭，他們也會找人頭當墊背，

不惜犧牲性部屬照亮自己的前途。

　　懂得耍奸弄詐的曹操，無疑就是箇中高手。

　　其實，曹操爲了應付缺糧問題，一開始就打定主意要讓王垕成爲代罪羔羊，

所以才故意教他用小斛分發糧米激起眾怨，然後再陰險地借用他的人頭來平息眾怒。像曹操這種狡詐的人，處理事情之前，早就將後續發展推演得非常周密，但是，王垕無法了解到他隱藏在內心的真正用意，所以，才會淪為曹操排除眾怒的犧牲品。

這個「借人頭」的典故告誡我們，一味唯唯諾諾依照別人指令行事的人，表面看起來似乎很安全，不用多費腦筋，但事實卻不然，有時連自己的人頭被借了都還不自知。

因此，人絕對不要一味唯唯諾諾聽從別人的意見，必須建立自己的行事準則和價值判斷，自己掌控局面，如此才能自由自在地發揮自己的個性，也才能為自己開創一條康莊大道。

你以為的好人，不一定就是好人

好運當然會降臨，但通常會一閃即逝，不可能天天重演。遇到出

平意料的好運時，請小心這只是用來掩飾厄運的陷阱。

英國詩人奧特韋曾經寫道：「對任何人都不可輕信，因為人的本性就是狡

猾、虛偽和言行不一。」

人性最大的盲點就是習慣相信那些慈眉善目、熱心幫助自己的「好人」！

正因為如此，才會讓那些衣冠楚楚的「好人」有機會耍奸耍詐。

世間的小人無所不在，只不過有的小人是顯性的，有的小人是隱性的。

一般而言，隱性的小人遠比顯性的小人更難提防。這是因為，遭遇顯性的

小人，我們會事事謹慎小心，深怕自己被坑被騙，但是，隱性的小人卻常常犯

下「無心之過」，讓我們疏於提防之餘欲哭無淚。

不要太過相信自己的好運，因為，當你深信不疑時，命運往往就會選在這

個時候開你一個大玩笑。

一個男人到一家應召站指名要莉莉小姐服務。

莉莉覺得很奇怪，這名客人是個生面孔，以前從來沒有見過，怎麼會特別

指名她來服務呢？

她心想，大概是因為她在這行有點資歷，而且很敬業做出了口碑吧！

服務完以後，這位客人很大方地拿了一萬塊交到莉莉的手上。莉莉當場喜

上眉梢，笑得合不攏嘴。若是平常，她可能連一半都賺不到！

莉莉高興地謝過恩客，「遇到像您這麼大方的客人真好！下次一定要記得

再來找我喔！」

男人整理好儀容，神情愉快地說：「明天我會再來，妳好好服務我，我會再給妳一萬塊。」

第二天，莉莉滿心期待地迎接一天的工作。看在那一萬塊的面子上，莉莉使出渾身解數，表現得特別賣力。

完事之後，男人果真依照約定又給了她一萬塊錢，還對她說：「不錯，不錯，妳服務得很好，明天妳繼續服務我，我會再給妳一萬塊。」

莉莉開心極了，感謝上天，賜給自己這樣的好運，遇到了一個多金又大方的凱子，如果再這樣下去，說不定她還有機會飛上枝頭當鳳凰，嫁入豪門當個某某夫人呢！

第三天，這位客人又出現了，莉莉當然迫不及待地過去服務他。這次，她更是使盡了全力，連皮鞭和手銬都用上了。

事後，男人對她非常滿意，再度付了一萬塊錢給她。

這個客人真是大方，莉莉下定決心要打探這個男人的身世背景，看看能不能和他攀上一點關係，至少也要把他變成長期客戶，於是她問說：「您真是我

遇過最好的客人，請問您是哪裡人啊？」

「喔，我從高雄上來的。」男人回答道。

「真是太巧了！我也是高雄人，現在我娘還住在那裡呢！」

莉莉高興得眉飛色舞，上天真是眷顧她啊！不但讓她遇到了一個凱子，而且還是同鄉呢！

事情簡直順利得令人難以置信……

孰料，男人接著說：「我知道妳是高雄人啊，而且，我也認識妳娘，她知道我要上來台北，所以特別託我帶三萬塊來給妳……」

🌿

法國文豪雨果在他的著作《鐵面人》中，曾經這麼譏諷地寫道：「天底下最可憐的笨蛋，是那些從來不懷疑別人可能言行不一，而對別人所說的話一味地信以為真的人。」

人是最擅長偽裝的動物，現實生活中道貌岸然的小人很多，如果你不想老

是受他們宰割，那麼就得放聰明一點，才不會老是受騙上當。

天下沒有白吃的午餐，意外的好運當然會降臨，但通常只是會一閃即逝，不可能天天重演。

當你遇到出乎意料的好運時，請小心這只是用來掩飾厄運的陷阱。

就像不新鮮的肉會被拿去紅燒，不純的果汁加的糖水特別多一樣，你嚐到的好味道有可能只是用來掩飾裡頭腐敗的氣味，沒有吃到最後一口，永遠都應該保持警戒。

在真正的好運來臨之前，別讓任何命運的玩笑阻撓你的道路。

別人的建議，有時只是想害你

在這個爾虞我詐的年代中，千萬要記住，把我們害得最慘的，不見得是表面上奸詐的人，反而是那些看起來貌似忠厚的「老實人」。

英國作家赫胥黎曾經寫道：「人生最大的悲哀，就是純真的想法，往往被醜陋的事實扼殺。」

確實如此，做人純真善良，固然是一種可貴的美德，但是也最容易淪為被人欺騙的豬頭。人要是不具備一些城府，不懂得判斷虛實，說好聽一點的是「單純天真」，說難聽一點的就是「愚蠢無知」。

如果不想繼續讓自己成為小人耍奸耍詐的對象，除了必須擁有純潔的秉性

之外，更須具備深沉的心思，抱持著純真的態度做人，用深沉的心思做事。

某甲獨自在亞馬遜叢林中冒險，突然之間，他發現自己被食人族重重包圍，眼看著前無退路，後有追兵，某甲於是無奈的對著天空大喊：「我死定了，上帝啊，救救我吧！」

話才剛說完，只見天空出現一道白光，接著，傳來一個聲音說：「你這話還說得太早！現在，你照著我的吩咐去做。聽著，你立刻彎腰撿起地上最大的石頭，然後用力往帶頭的酋長身上砸過去！」

某甲聽了，毫不猶豫地從地上撿起一顆最大的石頭，瞄準酋長，使出吃奶的力氣狠狠地砸了過去，正好不偏不倚砸中了酋長的腦袋，令酋長當場腦袋開花、應聲倒地。

周圍的族人們見狀，先是呆了幾秒鐘，接著全都轉向某甲，每個人臉上的表情都像極了一頭憤怒的獅子。

此時，天上又傳來一個聲音：「現在你才是真的死定了……」

法國文豪巴爾札克曾經說：「虛偽的耶穌比撒旦更可怕。」

確實如此，一般人不容易被凶神惡煞欺騙，卻經常輕易地被那些看起來慈眉善目的有心人士坑騙。

人在遭遇意外的時候，往往是最迷惘的時刻，或許你會想要聽聽別人的說法，或許你會尋求別人的意見，但是千萬別忘記了，最終的決定權，依然掌握在你自己的手上。

俗話說：「盡信書不如無書」，如果只是一味相信書本，那還不如靠自己憑空摸索出一番道理。同樣的，如果別人說什麼你就做什麼，完全失去了自己的主張、自己的判斷，那麼，還倒不如憑著自己的感覺闖一闖。

普布利留斯曾說：「在大難臨頭的日子，任何謠言，都會被人相信，尤其是從老實人口中所傳出的謠言，更令人深信不疑。」

在這個爾虞我詐的年代中，千萬要記住，把我們害得最慘的，不見得是表面上奸詐的人，反而是那些看起來貌似忠厚的「老實人」。因此，千萬不要以外貌來評斷一個人，在這個人心叵測的社會，即使是貌似忠厚老實的人，也會在暗地裡幹壞事。

雖然很多時候，旁人的建議能夠一語點醒夢中人，但是我們的人生畢竟還是需要由我們自己來負責。因此，在照單全收之前，請先運用自己的腦袋過濾資訊，仔細分析這些建議是不是只是餿主意，不要因此而中了別人的詭計，也不要太低估了自己的能力。

三思而行才不會掉入陷阱

在接受別人的賞賜之前，請先想想自己何德何能；在別人對你示好的同時，請檢討對方看上的是你哪一點。

作家莫里亞克曾說：「口渴的人，是不會懷疑遇上的泉水。」

人總是盲目地相信自己比別人走運，從沒想過某些出乎預料的好運道，其實是金光黨包藏禍心的「仙人跳」。因此，熟諳此種人性弱點的人，往往就會利用這種心理，對你「頻送秋波」，讓你絲毫不懷疑他就是準備讓你上當受騙的那雙黑手。

時代變了，吃虧不表示一定佔便宜，但是佔人便宜，你就一定會吃虧。

小明剛剛入伍，第一次放假，獨自一個人到公園裡頭閒晃，不曉得該如何度過這無所事事的一天。正當他感到百無聊賴的時候，一名身材傲人的美女走過來搭訕，兩人一見如故，隨即決定開個房間蓋棉被聊天。

事後，漂亮的美女在小明的內褲裡塞了五千塊。小明簡直不敢相信自己的「奇遇」，收假回營以後，立刻得意洋洋地大肆宣傳，知道的人無不對他的狗屎運欣羨不已。

這事很快傳到了連長的耳裡，小明立刻被叫到連長室問話。

第二天上午，連長獨自一個人悄悄來到公園裡。

果不其然，沒過多久，那名前凸後翹、長相誘人的美女出現了。她走過來向連長搭訕，兩人同樣聊得很投契，於是決定開個房間好好聊天。

事後，和小明所說的劇情一模一樣，漂亮美女意猶未盡地伸了懶腰，在連長的內褲裡塞了一疊鈔票，可是⋯⋯算來算去卻只有兩千五，比小明所說的足

足少了一半。

連長感到自尊心受損，十分不悅地問：「昨天我們連上的小兵來，妳竟然只給他兩千五，是不是嫌我表現得不夠賣力⋯⋯」

美女眨了一下她的電眼，用嗲得足以令人融化的聲音說：「沒那回事啦，連長哥哥，你表現得真的很好，差別只是⋯⋯昨天他拍的是國際版，今天你拍的是國內版。」

不管置身任何場合，我們都不能過度相信自己的好運，而對別人不加以防範，淪爲「容易上鉤的魚」。

在這個「仙人跳」盛行的年代，千萬別太相信那些天外飛來的好事，否則到頭來恐怕會讓你有痛不欲生的感覺！

如果你太過天真，不仔細摸清出現眼前的對象究竟是什麼貨色，就很容易

遭到蒙騙，被對方塑造的假象牽著鼻子走。

天下沒有白吃的午餐。別人請你喝酒，很可能是那是一杯有毒的酒；別人送你禮物，很可能裡頭裝的是定時炸彈。

做人當然要當好人，但千萬不要當蠢人。在接受別人的賞賜之前，請先想想自己何德何能；在別人對你示好的同時，請檢討對方看上的是你哪一點。

這麼做不是以小人之心度君子之腹，而是小心能駛萬年船，因為，天上掉下來的，通常不是「禮物」，而是「鳥屎」。想佔便宜之前，先秤秤自己有幾兩重。

你敢不敢犧牲自己最寶貴的東西？

人處於弱勢的時候，為了達成某種慾望，往往會百般忍耐，並且在忍耐的過程中不惜犧牲自己的一些利益。

日本圍棋界名人阪田榮男說：「下棋時，因為急著要贏，結果反而輸了的情況相當多。」

不僅圍棋如此，商場競爭和其他比賽都是如此，倘使急著要以快速的方法來打敗別人，有時候自己會不小心露出破綻，反而很難獲得勝利。

在激烈而險惡的人生競賽中，我們應該明確知道自己想要的是什麼，然後，盡量保持沉穩冷靜，縱使必須犧牲一些眼前的利益，也必須斷然割捨。如果你

一直表現得氣定神閒，對手就會開始感到迷惑，甚至心慌意亂，讓你有機可趁，這個機會或許就是扭轉大局、反敗為勝的關鍵。

通往成功的道路並不是沒有捷徑存在，只是這個捷徑往往會讓你付出若干代價，就看你付不付得起，願不願意付！

不勇於割捨，當然難有所得，這無疑是人生最沉痛的抉擇。如果你覺得很難取捨，不妨瞧瞧武則天的手段。

武則天十四歲的時候，由唐太宗遴選入宮中，冊封為才人。唐太宗死後，她被迫削髮為尼，後來，唐高宗偶然在寺中見到了她，被她的美貌吸引，於是又設法讓她還俗，召入宮中封為昭儀。

武則天進宮之後，深受唐高宗寵幸，不久生下一個女嬰。但是，她知道自己想要攀上權力的頂峰，必須先剷除橫阻在眼前的最大障礙，那就是唐高宗的元配王皇后。

她為了滿足本身的權力慾望，一方面百般諂媚唐高宗，一方面又曲意奉承

王皇后，但私底下卻處心積慮地想扳倒王皇后，收買宮女太監暗中監控王皇后

的一舉一動。

等到時機成熟後，武則天更設計出一條毒計誣陷王皇后。

唐高宗和王皇后都很喜歡武則天所生的小女嬰，常常前來探望。

有一天，武則天得知王皇后又要來看孩子，為了製造不在場證明，便藉故

外出，王皇后獨自一人逗弄孩子一會兒就擺駕離開了。誰知皇后前腳一走，武

則天馬上偷偷溜回寢宮，狠心地將自己的親生女兒掐死，然後再用被子蓋上，

佈置成孩子正在睡覺的模樣。

隨後，武則天刻意裝出一副嫵媚的樣子邀唐高宗前來探視女嬰。當她掀起

被子，立即裝模作樣地失聲尖叫，嚎啕痛哭起來。

唐高宗趨前一看，襁褓中的小公主臉色泛青，手腳已經冰涼，不禁勃然大

怒，把太監、宮女統統叫來，詢問剛才有誰來過武昭儀的寢宮。大家一口咬定

只有皇后來看過孩子，武則天趁機擺出悲痛欲絕的模樣，哭哭啼啼地把平時蒐

集到的皇后不當言行，加油添醋地在唐高宗面前泣訴。

唐高宗聽了更加震怒，連忙叫宮女去傳皇后前來。

王皇后到了之後，見到女嬰死狀悽慘，心中又驚又怕，卻又百口難辯。唐高宗盛怒之下，下令廢了王皇后，立武則天爲后，從此，武則天達到了她獨攬權的政治陰謀。

莎士比亞在《奧賽羅》中寫道：「要是你表面的行爲會洩露你內心的活動，那麼，不久你就得掏出心來，讓烏鴉們亂啄。」

歷史上層出不窮的苦肉計之所以能輕易奏效，是因爲它往往違反人們根深柢固的觀念或價值判斷，受騙上當的人萬萬料想不到，竟然會有人爲了達到某種目的，不惜戕害自己或最親愛的人。

譬如，武則天爲了本身的權力慾望，不就利用人們「虎毒不食子」的觀念，招死了自己的親生女兒，然後把罪名栽在王皇后身上，奪下了皇后寶位？誰料

想得到她竟然會這麼心狠手辣呢？

又譬如，開創德川幕府的日本戰國英雄德川家康，為了取得織田信長的信賴，竟不惜殺害自己的妻子，誰料想得到他會這麼絕情絕義呢？

其實，人處於弱勢的時候，為了達成某種慾望或獲得更龐大的利益，往往會百般忍耐，並且在隱忍的過程中不惜犧牲自己的一些利益，只是不像武則天和德川家康做得這麼狠毒、絕情罷了。

只要不貪功躁進，不被看破手腳，苦肉計最後通常都能成功。

如何瓦解敵人的心防？

面臨到輸贏的關鍵，更應該步步為營，千萬不要急著想要快速贏得勝利，而必須以冷靜審慎的態度堅持到底。

有位哲人曾說：「誰要是未雨綢繆，誰就一定吉星高照；誰要是只看到眼前的表象，誰的情況一定不妙。」

不論是在武術、圍棋、象棋，或是人生中的各種競賽，都必須懂得未雨綢繆，推演對手可能使出的招數。

千萬不要被眼前的表象迷惑，否則結局就會像以下故事中的曹爽一樣，連翻身的機會都沒有。

曹丕死後，魏明帝即位，大將曹爽把持朝政，行事專制獨斷，司馬懿暗中計劃要將這個眼中釘除掉，但又擔心事情洩漏反遭殺害，於是便假裝自己舊病復發，情況非常嚴重，試圖瓦解曹爽的戒心。

由於司馬懿先前曾經裝病蒙騙曹操，曹爽懷疑司馬懿又故技重施，企圖裝病欺騙自己，於是便派李勝前去觀察一番。

李勝到司馬家拜會的時候，司馬懿故意讓兩個婢女在跟前侍候自己，當婢女拿起外衣要讓他穿上時，他卻裝出一副癡呆的模樣，用手指著嘴巴，直嚷著自己口渴。

婢女於是端來一碗米粥餵他，司馬懿吃著吃著，米粥竟從嘴巴兩邊一直流到胸襟上。

李勝見狀，輕蔑地說道：「外面盛傳仲達公的舊病復發，想不到竟然嚴重到如此程度。我要前去荊州赴任，特地前來辭別。」

司馬懿巍巍顫顫地舉手示意，故意把荊州說成并州，並口齒含糊地說：「你要前去并州赴任啊，并州接近胡人，你自己可要當心一點，我的生命危在旦夕，恐怕有生之年不能再相見了。我的兩個兒子司馬師和司馬昭，以後還請你多多關照。」

李勝不悅地說：「我去任職的地方是荊州，不是并州。」

司馬懿聽了，故意露出不好意思的表情說：「唉，我年紀大了，耳聾氣虛，聽不清你說的話了。」

經過一番觀察，李勝回去後對曹爽說：「司馬仲達形神已離，只是比死人多了口氣，不足為慮。」

生性高傲的曹爽聽了這番話，便放心地將目標轉移到其他人身上，不再防備司馬懿。然而，不久之後，司馬懿突然率領部眾發動襲擊，殺得曹爽措手不及，被砍下首級。

法國思想家拉布呂耶爾曾經寫道：「如果一個人在別人眼裡，不顯得過於聰明，他就已經相當狡滑了。」

的確，沒有比外表老實、內心奸詐的人更危險，因為，這些人專門扮豬吃老虎，所作所為都是為了瓦解對方的心防，然後一舉將對方擊潰。

司馬懿可說是這類人物的典型，連曹操這樣的厚黑專家都被他耍得團團轉，曹爽死得一點也不冤枉。

凡是面臨到輸贏的關鍵，更應該步步為營，千萬不要急著想要快速贏得勝利，而必須以冷靜審慎的態度堅持到底，有時不妨像司馬懿一樣，故意表現出笨拙的模樣，使對方疏於防範，然後再一舉將他打敗。

即使自己的實力比對方高出許多，也必須步步為營，不要一直露出勝券在握的高傲模樣，否則將會激起對方的頑強抵抗，使自己花費更多不必要力氣，這就是贏得勝利的秘訣。

即使虛情假意，也要做得徹底

> 凡事只要看開了，做事的態度自然會變得從容而冷靜，膽量會變大，臉皮會變厚，搞不好虛情假意的事情也做得出來。

我們常聽到有人說：「因為我很容易臉紅，所以怕到人多的地方去。」

因為容易害羞臉紅而煩惱不已的人，其實以青春期的年輕男女居多，人一旦到了老年，閱歷豐富了，就很少會因難為情而大傷腦筋！

為什麼呢？這是因為大部分的老年人，臉皮經過幾十年的磨練，已經變得厚如城牆，根本不會擔心自己出糗或是做錯事情被人責備。在他們眼中，這些根本沒有什麼大不了的，因此絕不會感到難為情。

戰國時期著名的軍事家吳起，以愛惜士卒、肯與士卒共患難聞名。

有一次，魏文侯命令吳起統率大軍討伐秦國，吳起與士兵一起背著糧袋徒步而行，將戰馬讓給身體疲弱的士卒騎。吃飯的時候，吳起與士兵們圍坐在一起，大碗喝湯、大碗吃飯，有說有笑；睡覺的時候，吳起也與士兵們睡在一起，絲毫沒有大將軍的架子。

有一名士兵背上腫脹，生了一個斗大的毒瘡，吳起知道後，就親自用嘴將這名士兵毒瘡中的濃汁吸出來，士兵的病情終於好轉。

誰知，這名士兵的母親聞訊後，竟然放聲大哭。

鄰居大惑不解，問她說：「吳將軍為妳兒子吸出毒汁，治好了膿瘡，妳應該高興才對，為什麼卻痛哭失聲呢？」

這位母親回答道：「你們有所不知啊，這件事讓我想起了我的丈夫。我丈夫以前在吳將軍手下當兵，曾經長了背疽，也是吳將軍為他吸出毒汁治好病的。

我丈夫感激吳將軍之餘，打起仗來總是奮不顧身，最後戰死在沙場。我兒子一定也會對吳將軍心存感恩，恐怕性命也不會長久了。」說完，士兵的母親又大哭了起來。

吳起率領魏軍和秦軍交戰後，連戰連勝、所向無敵，秦軍一退再退，接連被吳起攻佔了五座城池。這個背上長毒瘡的士兵，最後也如同他母親所料，因為奮勇殺敵而步上他父親的後塵，戰死沙場。

莎士比亞說：「任何惡德的外表，也都附有若干美德的標誌。」

吳起這老兄可說是戰國時代數一數二的厚黑名人，由於擔心白白浪費時間，延誤自己出人頭地的契機，他勇於抗拒儒家的繁文縟節，寧可被逐出儒門，也不願為母親守孝三年。後來，有人更指稱他為了當上魯國的上將軍，而不惜殺害自己的妻子。

投效魏文侯獲得重用後，吳起平時表現出一副愛惜士卒的模樣，使得士卒

甘願為他拼死作戰，真可謂「一將功成萬骨枯」。

他連替士兵吸膿瘡這種事都視同家常便飯，臉皮猶如犀牛皮一般厚硬，厚黑功力已經到了顛撲不破的境界，難怪會有人要替他賣命，用屍骨替他鋪設通往成功之路。

經常在大庭廣眾面前害羞、扭捏而感到苦惱的人，最好能學習老年人的豁達，凡事只要看開了，做事的態度自然會變得從容而冷靜，不知不覺中膽量會變大，臉皮會變厚，就不再有臉紅的毛病了，搞不好連吳起這樣虛情假意的事情也做得出來。

不要當搞不清楚狀況的菜鳥

希臘哲聖蘇格拉底曾說：「一個人能否有所成就，只看他是否具備自尊心與自信心這兩個條件。」

法國文豪雨果在《悲慘世界》曾經有感而發地寫道：「有許多人踏在堅實的地面上，卻還兩腳發抖，如果自己的心是平靜的，目的是正當的，即使走在搖撼不定的土地上，也應當是步伐堅定的。」

確實如此，人生最重要的事是讓自己的心境平靜。

如果我們積極鍛鍊自己的心智，時時保持冷靜而沉穩的態度面對棘手的事情與難纏的人物，就能快速洞悉隱藏在表象之下的真實面貌。

明瞭對手與事情的本質之後，當我們進行交涉或談判的時候，就不會因為

對方故意施展的伎倆而受騙上當，也不會因為對方的無禮舉動而被激怒，失去

冷靜客觀的判斷能力。

美國石油大王洛克斐勒的兒子小洛克斐勒，剛剛踏入商場的時候，就展現

出他不同凡響的商業才華。

當時，他的第一椿任務是，前去與銀行家摩根商談出售某座油田事宜。

當他踏入摩根的辦公室，摩根露出一副鄙夷的神情，認為他只不過是毫無

商場經驗的菜鳥，故意表現出自己很忙碌的樣子，連正眼都不瞧他一眼，足足

讓他枯坐了一個小時。

小洛克斐勒知道這是摩根慣用的殺價伎倆，絲毫不以為意地悠閒坐著。

一個小時後，摩根終於抬起頭面向他，高傲地說：「聽說，你父親有一塊

油田準備出售，打算賣多少？」

小洛克斐勒微微一笑，回答說：「我想，大概是您弄錯了，就我所知，是您想買這塊土地，而不是我們想賣出。」

說完，小洛克斐勒不再多說廢話，逕自推門走了出去。

摩根知道這招唬不過小洛克斐勒，最後終於依照小洛克斐勒開出的價碼，買下這塊油田，價格比老洛克斐勒預估的多出了三分之一。

🌱

希臘哲聖蘇格拉底曾說：「一個人能否有所成就，只看他是否具備自尊心與自信心這兩個條件。」

小洛克斐勒面對老狐狸摩根所展現的以靜制動，是一種高段的勝利策略，因為日常生活中，我們不可能事事爭第一，處處佔上風，因此，更多的時候，我們要面帶善意靜候對方出招，才能從容地見招拆招，千萬不要稍有不順就心浮氣躁，自亂陣腳。

一味地板著臉孔，費盡心思去提防周遭的小人，只會把自己搞得緊張兮兮，

徒然折損自己的生命。

如果，我們無可避免地必須面對身邊的小人，那麼，細心地去洞察對方的真實意圖，然後把主控權操在自己手中，豈不是更好嗎？

學學小洛克斐勒的智慧吧！硬碰硬的應對方式，表面上看來，是為自己出了一口怨氣，但實際上，卻容易讓自己陷入小人精心設計的迷宮中，以致於無法冷靜面對事情的演變。

05

口是心非，有什麼不對？

人生本來就充滿了矛盾與不可預知，
況且每個人都有自私的劣根性，
也會面臨一些自己無能為力的境遇，
表裡不一自然在所難免！

你聞得出成功的契機嗎？

人在衡量利弊得失的時候，通常會受到本身價值觀念的影響，經過一番思慮後才做出決定。

美國名作家歐·亨利曾經在著作中寫道：「人生是由嗚咽、嗅聞和微笑構成的，而在三者之中，嗅聞站在支配的立場。」

這是因為，唯有嗅聞出成功的契機，人才能決定自己人生要走向何處，面對利害得失之時應該如何取捨。

一個人如果缺乏嗅聞出成功氣味的能力，那麼，他的人生注定是嗚咽居多，而微笑甚少。

某一天，丹麥首都哥本哈根市區發生了一場交通事故，一輛高級轎車煞車不及，撞倒一個闖紅燈穿越馬路的行人，由於衝撞的力道太大，行人的右腿硬生生被撞斷了。

肇事者是哥本哈根當地一家知名啤酒廠的老闆，而被撞斷腿的則是一個遠道而來的日本觀光客。

這個日本觀光客被緊急送進醫院手術，事後，啤酒廠的老闆基於道義前去探望，愧疚地說：「很對不起，你遠從日本前來觀光，沒想到竟發生這樣令人遺憾的意外。」

隨後，啤酒廠的老闆詢問了這個日本人的家庭、經濟狀況，得知他單身一個人，而且不久前才辭去工作，到丹麥來旅遊散心。

「這該如何是好呢？以後你怎麼生活？」

這位日本人說：「都是我自己不對，能怪誰呢？不如這樣吧，等我可以走

動後，讓我到你的啤酒廠當守衛，混口飯吃，好嗎？」

啤酒廠的老闆見這位日本人生性開朗，並不要賴要求賠償，心中自然相當高興，趕緊對他說道：「好的，那你就安心養傷吧，等你傷勢好了，就到啤酒廠來上班。」

過了不久，這個日本人傷勢痊癒，就到這家啤酒廠當守衛。

這個日本人言行得體，待人非常謙恭有禮，而且工作之時非常認真負責，對進出廠的貨物檢查十分仔細，深獲啤酒廠高級幹部信任，於是，大家經常到守衛室找他閒聊。

三年後，這個日本人存了一些錢，便藉口要返回日本定居，啤酒廠的員工挽留之餘，並未懷疑他的說詞。

後來，這家啤酒廠才知道，這個日本人竟然是一個商人，喬裝成觀光客前來丹麥，是覬覦當時享譽世界的這家啤酒廠的釀造技術。

由於這家啤酒廠保密程度很高，從不允許外人參觀，這個日本商人在啤酒廠周圍轉了三天，就是不得其門而入。

後來，他看到每天早晚都有一部黑色轎車進出，打聽之下，知道是這家啤酒廠的老闆座車。於是，他就趁老闆開車出來時，處心積慮地製造了那起交通事故，藉機混進啤酒廠當守衛。

三年來，他利用工作之便，想盡一切辦法，終於竊取了這家啤酒廠的配方和技術。他犧牲了一條腿，換得了一流的啤酒釀造方法，成功地開設了一座規模龐大的啤酒廠。

許多深諳人性的思想家都告訴我們，不能憑表面印象去判斷一個人，因為在陽光照射得到的地方，奸猾的小人會表現出一副不貪不取的模樣，而在黑暗的角落，他們就會露出貪得無饜的嘴臉。

但是，從另一個角度來說，奸猾未必不是智慧，貪得無饜也只是慾望的真實呈現，只要不犯法，其實都無可厚非。

看完這個故事，也許你會覺得，這個日本商人未免太奸詐、行事太極端了，

想要成功何必非得去撞車不可呢？

其實，人在衡量利弊得失的時候，通常會受到本身價值觀念的影響，經過一番思慮後才做出決定，也許你無法認同這個日本商人的行徑，卻不得不佩服他跑去撞車子的勇氣，畢竟用這種方式獲得自己想要的東西，不是一般人做得出來的。

重點在於嗅覺，故事中的日本人就是因為嗅聞出成功的契機，清楚地知道自己要的是什麼，所以才會不擇手段，勇於「壯士斷腿」，寧願犧牲一條腿換取釀造啤酒的技術。

口是心非，有什麼不對？

人生本來就充滿了矛盾與不可預知，況且每個人都有自私的劣根性，也會面臨一些自己無能為力的境遇，表裡不一自然在所難免！

法國文豪雨果在《笑面人》裡寫道：「打破一切成規，蔑視一切守則，敢做敢為敢破壞，這就是真正的生活。」

人生最大的困擾就是，為了工作需要或社交活動，我們經常得和自己不喜歡的人打交道，並且為了不得罪對方而言不由衷，甚至口是心非，事後又感覺自己太過虛偽。

其實，口是心非並沒什麼大不了的，因為，絕大多數時候，我們並不是存

心欺騙別人，也不是打從心裡就喜歡藉由討好別人來達成自己的目的。只不過
是為了減少一些不必要的麻煩或爭執，或者是比較快速達成洽涉，才會讓自己
的嘴巴說出那些不是發自內心的話語。

此外，對於某些惡劣的小人，口是心非也是一種保護自己或解決問題的方
式，如果我們的「修為」達到下列故事主角王敬則的程度，說不定我們也會採
取這樣的模式徹底剷除那些惹人厭煩的惡人呢！

南齊名臣王敬則擔任南沙縣令時，縣內有一群盜匪趁著時局動盪混亂，聚
嘯在山林之中，時常下山燒殺掠劫，致使當地百姓恐慌不已。王敬則屢次派兵
前去圍捕，無奈盜賊行蹤飄忽，圍捕行動徒勞無功。

王敬則心想，這幫盜賊如此狡猾，如不使用權謀詐術，恐怕難以將他們繩
之於法。為了徹底剿滅這群盜匪，他便派人拿著親筆信函，深入山中對盜賊首
領進行招降。

王敬則在信中非常誠懇地表示：「如果你們願意下山自首，我定當從中說項，可以赦免你們的罪行。如果你們不相信，我可以先到廟神面前詛咒發誓，絕不食言。」

當時，南沙縣內有一座廟非常靈驗，百姓都相當信服畏懼，盜賊首領派人下山打聽，得知王敬則果真到廟神面前詛咒發誓，認為他很有招撫的誠意，便答應帶領手下一起到廟裡接受招撫。

王敬則隨即在廟中設宴，準備「款待」這群盜賊。

豈知，這群盜賊到來以後，王敬則二話不說，立即下令將他們全部拘捕，準備斬首示眾。

盜賊首領很氣憤地對王敬則咆哮說：「你不是在廟神面前詛咒發誓了，怎敢出爾反爾？」

王敬則笑了笑，氣定神閒地回答說：「沒錯，我的確在廟神面前詛咒發誓過，不過，當時我也告訴廟神，萬一我不得已必須違背誓約的話，就奉上十隻牛向廟神謝罪。」

徒，未嘗不是以詐止詐的好方法。

故事中的王敬則看似口是心非、心狠手辣，但是用這種手段對付狡詐的匪

在所難免！

每個人都有自私的劣根性，也會面臨一些自己無能為力的境遇，表裡不一自然

生憤慨。其實，這大可不必，因為，人生本來就充滿了矛盾與不可預知，況且

有些人發現別人言行並不一致時，心中就會認為這些人過於污穢卑劣而心

自己的口號、訴求全然不同的狀況！

口是心非，是人最重要的特點之一，尤其是政客，經常會發生言行舉止與

從此，南沙縣再也沒有盜匪出沒。

王敬則說完，馬上派人宰殺十隻牛祭祝廟神，然後將這群盜匪斬首示眾，

放鬆心情才能戰勝恐懼

美國心理學家詹姆斯說：「往往我們對一件不確定的結果所抱持的信念，才是唯一能使這個結果實現的因素。」

法國大文豪，諾貝爾文學獎得主福樓拜在談論人生時曾經這麼說過：「堅強，求助於你的意志力，而不要求助於天神。因為，天神從來不理會人們的求救呼聲。」

人本來應該很單純地活在這個世上，為自己和喜歡的人喜悅地活著，然而，事實上，我們卻經常必須為別人的慾望和野心所造成的禍害而活得膽戰心驚，這實在是太無奈了。

面對艱難險惡的處境，或是走到使人猶豫而難以抉擇的岔路，我們應該保持冷靜鎮定，盡一切力量去克服。只有秉持這種積極的應對態度，才能在不完美的社會中，過著最充實的生活。

晉朝名書法家王羲之年輕的時候，頗受大將軍王敦寵愛，經常邀他到軍營中飲酒聊天，天色太晚就讓他在營帳中睡覺。

有一天清晨，王敦起得很早，不一會兒，一個名叫錢風的人鬼鬼祟祟前來求見，二人摒去左右，秘密商議叛逆之事，一時之間把王羲之正在營帳中睡覺的事忘記了。

王羲之睡醒後，無意中聽到他們正在談論謀反叛變的事，知道自己大難臨頭，如不佯裝爛醉如泥恐怕無法活命，於是便剔喉嘔吐，把自己的頭面、被褥全都弄得髒兮兮，然後又倒頭假裝熟睡。

王敦和錢風談著談著，突然想起王羲之正在營帳中睡覺，兩人都吃驚地說：

「為了避免風聲走漏，不得不殺了他。」

他們兩人揭開床帳一看，只見王羲之吐得一塌糊塗，認為他爛醉熟睡，沒聽見造反的事，便打消殺他滅口的念頭，王羲之因此免於一死。

美國心理學家詹姆斯說：「往往我們對一件不確定的結果所抱持的信念，才是唯一能使這個結果實現的因素。」

當你像王羲之一樣，無意中聽到了不該聽的事，面臨殺身之禍時，能不能急中生智，逃過難關？

其實，每個人都有急中生智的潛能，只是往往被緊張、恐懼……等等負面情緒束縛住，以致無法脫險。

凡事不可過於緊張，在堅持自己的信念之時，儘量將心情放鬆，唯有如此，才能充分發揮個人的潛能。

從事任何工作，只要將穩定自己情緒的習慣慢慢培養出來，自然能夠以平

常心去克服各種障礙！

　話雖如此，但實際上要以平常心面對危險卻並非易事。

　因為，當人們面臨某些危險的事情時，心中難免會膽怯，同時會由於不安

和恐懼而使得身體、唇齒不住顫抖。

　這是缺乏自信的必然現象，必須反覆不斷地訓練自己，讓自己產生自信，

才能輕鬆戰勝畏懼。

「好人」總是費盡心機佔人便宜

天下沒有白吃的午餐。當你佔人便宜時，你以為自己很聰明，其實別人正用不屑的眼光在看你。

大多數人都不懂得「人性本來就很詐」的道理，往往以為和自己走得近的人就是朋友，以為對自己百般阿諛的人就是知己，身邊才會充斥那麼專門坑人騙人的「好人」。

人性本來就很詐，越是看起來像「好人」的人越喜歡耍賤，越喜歡佔人便宜，如果你不想老是被坑騙，那麼就必須多留一些心眼，才不會讓那些賤人有機可乘。

小明去看望朋友阿強，但是阿強不在家，只有阿強的女朋友在。

小明趁機對阿強的女朋友說：「妳知道嗎？妳的嘴唇是我見過最美麗的，如果妳肯給我親一下，我就給妳一千塊！」

女人嘛！總是禁不起男人灌迷湯，難得有人這麼欣賞自己，又可以輕輕鬆鬆賺得一千塊，被親一下有什麼關係呢！於是，阿強的女朋友便闔上了雙眼，讓小明親吻。

一吻過後，小明依照約定放了一千塊在桌上。

豈知這還沒完，小明食髓知味，意猶未盡地對阿強的女朋友說：「妳的嘴唇實在太美麗了，我真的很想再親妳一下喔。這樣吧，我再給妳一千塊，妳就滿足一下我這個願望吧！」

反正親都親過了，故作矜持又有什麼意思？為了這得來容易的一千塊，阿強的女朋友再度閉上眼睛，讓小明熱情地給了她一個長吻。吻完以後，小明再

度放了一千塊在桌上。

抬頭看看時鐘，小明隨即說自己趕時間，不能等到阿強回家，然後就匆匆忙忙地離開了。

小明才剛走沒多久，阿強就回來了。女朋友為了掩飾自己的心虛，劈頭就對男朋友說：「你的好朋友小明剛才來過。」

「是嗎？怎麼不等我回來呢？」阿強想了一下，問道：「那……他有沒有留下欠我的兩千塊？」

這個故事裡最可憐的是誰？

是阿強的女朋友嗎？她白白被親了兩口，卻不得不把自己犧牲色相賺得的兩千元全數繳出。

還是從頭到尾被蒙在鼓裡的阿強？他的好朋友佔了他女朋友的便宜，他的女朋友願意為金錢出賣色相，可是他卻一點都不知情。

或者，最可憐的人其實是小明。他明明有足夠的錢可以歸還阿強，卻不肯老老實實把錢繳出，還要費盡心機佔人便宜，用金錢來誘惑女人，你說，還有誰是比他更悲哀的呢？

現實社會中，像小明這樣的小人還真不少，千萬不要模仿他們的行徑。記住，天下沒有白吃的午餐，當你佔人便宜時，你以為自己很聰明，殊不知別人正用不屑的眼光在看你。

只注意表象，就看不清真象

我們在不知不覺中冤枉了別人，探究其原因無他，只因為我們實在太自恃聰明，也太容易被事情的表象所蒙蔽。

活在這個紛紛擾擾的時代，人與人之間充滿著爭執、衝突、競爭、交戰，就算你不惹人，別人也會來惹你，就算你不礙事，事情也會自動來礙你，甚至來得莫名其妙，躲都躲不掉！

遇到別人找碴，必須要學會用機智的方式反擊。

人生有很多尷尬、難堪的狀況必須面對，選擇沉默只會被認為默認，氣急敗壞、支支吾吾也只會讓別人誤解，機智可說是人際應對不可缺少的一環。

想要發揮幽默感，必須根據自己面臨的狀況，找到正確的切入點，正如英國傳記作家斯末萊特所說的：「要根據各種狀況，仔細選擇最為可行的方法。有時候，你必須把手上的石頭丟掉，但是，有時候你又必須把石頭撿回來。」

一對夫婦到一個湖濱勝地度假，丈夫經常在破曉時分去釣魚，妻子則喜歡坐在一旁安靜地閱讀。

某天早晨，丈夫釣完魚後就先回湖邊的度假小屋休息了。妻子雖然不熟悉這個湖，但她仍然駕駛丈夫的釣魚船離開湖岸，並把船開到湖中央，在水中拋下錨，然後悠閒地坐在船上看書。

不久，一名警察開著船來了，他上了女士的船後說道：「早安，女士，請問妳在這裡做什麼呢？」

「讀書啊。」女士一邊回答一邊想著：「難道你沒有長眼睛嗎？」

「妳在限制漁獵區釣魚！」

「我絕對沒有。正如你所見，我並沒有釣魚。」

「但是妳擁有全部的設備，所以我必須帶妳去一趟警察局。」

「好啊，假如你真的那樣做，我就控告你強姦！」女士厲聲威脅他。

「喔！我真不敢相信像妳這麼一位溫文儒雅的女士竟能昧著良心說謊，妳明明知道我連你一根頭髮都沒碰。」警察抱怨地說。

「是啊，你說的沒錯。」女士回答：「但是你擁有全部的設備。」

話說有隻雞被吃掉了，狐狸法官們審判住在雞舍隔壁的山羊說：「雞是你的鄰居，離你最近，不是你吃的還會是誰啊？」

山羊可憐兮兮地替自己辯解：「我們山羊是吃草的，怎會吃雞呢？」

狐狸聽了，一臉不屑地反問：「那隻雞那麼香、那麼嫩，誰會相信你看著牠會不想吃牠啊！」

狐狸陪審團聽了都深有同感，因此牠們一致認為是山羊幹的，於是倒楣又

無辜的山羊就這麼被推出去斬了！

也許你會認為以上的小故事太愚蠢，但仔細想想，我們日常生活中不也常用自己的觀念去判斷別人的行為嗎？

沒有人喜歡被人冤枉，但是我們卻常常在不知不覺中冤枉了別人，探究其原因無他，只因為我們實在太自恃聰明，也太容易被事情的表象所蒙蔽。所以，若想避免這種情況，我們就得拋開預設的立場，從他人的角度設身處地地思考對方的行為，如此才能明瞭真正的動機，也才能避免傷害對方。

嫉妒的人最愛暗箭傷人

做人千萬不要因為一時的得意而忘形，也不要因為一時的失意而喪氣，那只不過代表專注的方向不同而已。

古人之所以會強調「明槍易躲，暗箭難防」，是因為「暗箭」通常都是見不得人的卑劣勾當，而且多半在人春風得意的時候，冷不防地從背後襲來。最糟糕的是，我們通常搞不清楚「暗箭」傷人的到底會是張三、李四，還是王二麻子，因此防不勝防。

最常見的「暗箭」，就是不利於自己的流言蜚語與八卦傳聞。

法國著名的思想家伏爾泰就曾經這麼深刻地寫道：「死者不在乎誹謗中傷，

活人卻因它而怒極身亡。」

修車廠裡，工人們一邊吃便當一邊聊天。談笑之中，杰哥得意地問大家：

「你們有沒有聽過畢昇這個人？」

「沒聽過。」眾人不約而同地回答。

杰哥於是倚老賣老地說：「唉，如果你們像我一樣，利用晚上的時間去補習求知，你們就會知道畢昇就是發明印刷術的人。還有，你們有沒有聽過馬登這個人？」

所有人面面相覷，大家都不知道馬登是何許人也。

杰哥繼續驕傲地說：「馬登就是培植馬鈴薯成功的人。唉，你們這些愚蠢的人類啊，如果再不學學我，利用下班以後的時間去補習，我看你們是一輩子都不會有學問的……」

說到這裡，一個年輕的修車師傅滿臉不悅地說：「哼！我知道你懂畢昇、

馬登這些已經作古的人，但是，這有什麼了不起？我倒要請問你，你有沒有聽過一個叫王二麻子的人？」

「沒聽過。」杰哥回答得好不尷尬。

年輕的修車師傅接著說：「那我告訴你，王二麻子就是趁著你晚上去補習時，和你太太睡覺的人！」

所謂美滿的人生，就是不羨慕別人的幸福，也不向別人炫燿自己的幸福，否則背地裡嫉妒的「暗箭」就會向你襲來。

英國作家托馬斯·富勒曾經說過：「最能讓惡毒的舌頭得到滿足的，莫過於他人憤怒的心。」

人生在世，難免招惹流言蜚語，但只要輕鬆因應就能脫離窘境。

其實，「暗箭」傷人有著奇妙透頂的規律，越是想撲殺它，它就越生機勃勃，一旦不理會它，它就自然而亡。

遺憾的是，這個道理雖然人人都懂，但卻因為不知如何因應，而屢屢為這些「暗箭」所傷。

當你遇到有人當面揶揄譏諷，或是在背後散佈惡毒的壞話，不必急於辯白駁斥，而應該冷靜地說，「暗箭傷人」的人顯然不十分了解自己，否則就會抖出更多不為人知的缺點和隱私。

如此一來，才不會讓那些想要看好戲的人陰謀得逞。

做人千萬不要因為一時的得意而忘形，也不要因為一時的失意而喪氣。

你算計別人，別人也會算計你

有時候你覺得吃了虧，其實是逃過了更大一劫；有時候你埋怨自己腦袋不夠靈光，其實應該慶幸自己沒有自尋煩惱。

正透過巧妙的方式在算計你！

每個人心裡都有一台計算機，當你自以為高明地算計別人時，別忘了，別人也

但是，耍弄心機必須適度。千萬別以為自己聰明絕頂、心思縝密，其實，

人是最擅長隱藏自己心思的動物，尤其是為了達成某些目的，外在的偽裝會更加縝密、複雜。

眾所皆知，監獄裡面所有來往的信件都會經過嚴格的檢查。

某個犯人收到他老婆寄來的信，信上寫著：「親愛的，我想要在家門口的花圃裡種馬鈴薯，請問我應該什麼時候種呢？」

犯人回信道：「妳什麼時候種就什麼時候種，不過，千萬要記住，不管任何情況下，絕對不能挖開花園裡的任何一寸泥土！因為我所有的秘密都埋在那裡面。」

幾天以後，犯人的老婆寫信給他：「好奇怪喔！前幾天有六個調查員突然來到家裡，把我們家門前的花圃裡的每一寸泥土都翻遍了。」

目的達成的犯人於是很簡短地然地回信，向老婆說：「現在已經是種馬鈴薯的時候了……」

俄國作家岡察洛夫曾說：「把自己觀察與經驗，和諧而巧妙地運用到生活之中，就是智慧。」

做人要長心眼，但是不要耍心機。

沒有心眼，處處吃虧，被人賣了還認真地幫人數鈔票，最後換來一場懊惱，這樣的人怎麼可能活得快樂？

心機太重，處處算計，凡事以小人之心度君子之腹，總想著投機取巧，這種人自然也快樂不到哪裡去。

俗話說得好，「害人之心不可有，防人之心不可無」。多一事不如少一事，有時候你覺得你吃了虧，其實你是逃過了更大一劫；有時候你埋怨自己腦袋不夠靈光，其實你應該慶幸自己沒有自尋煩惱。

正所謂「人算不如天算」，除非你認為自己的道行比天高，否則，讓天去算就好了，千萬別浪費了腦力，別把心機浪費在算計別人！

小心那些言不由衷的讚美

一些平常極少往來的人忽然造訪，或是一些平常不太聞問的人忽然熱切地表示好感，背後可能就暗藏著某些目的。

英國作家彌爾頓曾說：「人和天使都不善於識別偽善，因為，偽善是包裝精美的罪惡，有時候，連上帝也會上它的當。」

的確，偽善者經常會以「大好人」的面貌出現，經常會講一些讓你無法否認的真理，然後，再暗地利用這些所謂的「真理」，將你偷偷地出賣掉。

狡詐的人也經常因為覬覦你所擁有的「乳酪」，而以「知己」的面貌出現，專說一些讓你暈頭轉向的阿諛之詞，然後，伺機搶走你的「乳酪」。

人都喜歡聽到讚賞的話，都喜歡受到肯定。但是，好聽的話必定要出自真心、發自內心，倘若不是這樣，那麼在過多的美言背後，包藏的常常不是衷心的讚美，而是另有居心。

棲息在一棵樹上的一隻烏鴉，嘴上叼著一片乳酪。乳酪吸引了一頭狐狸的眼睛和鼻子，牠對烏鴉說：「如果您唱歌能和您的站姿一樣美妙，那麼，您就是我所見所聞的最好歌手了。」

這隻狐狸很有學問，曾經從某處讀到過一則寓言，說讚美一隻嘴裡叼著乳酪的烏鴉的嗓音，將使牠扔掉乳酪而唱起歌來，於是依樣畫葫蘆。

但這種方法，只有古時候的笨烏鴉才會上當，對這隻樹上的烏鴉，卻什麼效果也沒發生。

烏鴉先仔細地把乳酪從牠的嘴裡移到爪子下，然後說：「有人說你狡猾，有人說你愚蠢，但是，你肯定還是近視眼吧。那些漂亮的鳴禽穿戴著鮮艷的帽

子、多彩的外衣和發亮的飾帶，牠們都是注重外表的美麗生物。而我渾身穿黑，卻是獨一無二。」

說完，牠開始吸食著乳酪，沒掉下一點碎屑。

這頭狐狸並不像烏鴉說的那樣愚蠢，也沒有近視，不過卻很狡猾。牠停了一會兒之後說：「您講得對，我向您道歉。現在我看得更準了，作為所有鳥中最有智慧和最有內涵的鳥兒，我很樂意聽您談談自己的事！但是，現在我餓得一定要去覓食了。」

「請稍等，」烏鴉趕緊說：「來分享我的午餐吧。」

於是，牠把乳酪中最好的一份扔給了狡猾的狐狸，開始侃侃而談：「航船上沒有烏鴉窩就會遭到滅頂之災。很多船隻出現了，又消失了，但有烏鴉窩的船將永遠存在。我是飛行工程師、製圖師，而且最重要的是，我是以善於飛行而聞名的科學家、工程師、幾何學家……因為我的飛行路線就是任意兩點之間最短的距離。」牠驕傲地結束了吹噓。

「對，『任何兩點之間』，這我非常相信。」狐狸說：「謝謝你給了我最

好的乳酪，我原以為你不會與人分享呢。」邊說邊跑進了樹林。

狐狸不餓了，卻把飢餓而悵惘的烏鴉留在了樹上。

單憑身分、地位或外貌就輕信別人是人性的重大弱點之一，如果不設法加以改正，往往會蒙受損失。

故事中的烏鴉未必真的不夠聰明，換了是我們遇上了這樣的狐狸，恐怕也會以為遇到了知音，說不定也迫不及待地要與牠分享自己的故事呢！

有句話說：「無事不登三寶殿」，一些平常極少往來的人忽然造訪，或是一些平常不太聞問的人忽然熱切地表示好感，背後可能就暗藏著某些目的。雖然未必總是如此，但我們總得用智慧仔細地評估過才好。

對於那些有求於我們的人所說的話、所做的事，對他們不由衷的讚美，我們可得特別留心才好。

06

小心判斷，才不會遭到背叛

情人的背叛已經很令人難堪的，
更讓人沮喪的是，他的共犯居然是你的好友，
教人怎麼能夠接受這樣的事實？

越貪婪越容易受騙上當

少一點貪婪，多一點踏實，我們才能真正地享受生活的樂趣，也才能開開心心、自由自在地享受富足人生。

貪婪是人性的一大弱點，貪婪的念頭一起，我們便已陷入危機之中。即使明知眼前方向有誤，很多人還是會盲目地踏上。

抑制不了貪婪的人，往往都得等到大難臨頭、跌入谷底之後，才會驚覺這一切不過是華麗的騙局！

東漢時期，宦官張讓不僅獨攬大權把持朝政，更敢隻手遮天。朝野人士都知道，若想得到提拔升遷的機會，便得過得了張讓這一關。因此，只要是想快速升官的人，個個都搶著巴結張讓府邸裡的人。

有個初到京城的富商孟倫，一到洛陽便聽說這個消息。當他仔細了解情況之後，心中也有了絕妙的生財之道。

他先是打聽到，由於張讓平時都得在宮中侍候皇上，家中全由一位管家主持事務，每個想求見張讓的人都得先經由他的安排。

探明情況之後，孟倫便從這位管家著手。

他打聽到管家經常上的酒館，便在那裡等候，伺機接近。他果真很幸運，第一天等候便等到了管家。

管家享用完餐點後，卻發現忘了帶銀子出門，所幸他與酒館老闆早已熟識，因此便言明暫時賒帳，等下回光顧時再付。

不過，這時孟倫卻立即上前解圍：「管家，您這頓飯我請。」

只見孟倫大方地拿出銀兩支付，接著便與管家閒聊了起來。

受人恩惠的管家心中甚是感激，再加上兩人的交談非常熱絡，孟倫與管家

很快地便成爲朋友。

魚兒上鉤了，孟倫更是用心奉承，很快地他便擄獲了管家的心，由於管家

收了孟倫不少好處，但孟倫卻從來都沒有要求回報，這竟然讓慣於「吃黑」的

老手也心生愧疚之意，這天他問孟倫：「你有沒有需要我幫忙的地方？」

孟倫一聽，連忙說：「我本來就喜歡結交朋友，別無所求，不過，如果您

不爲難的話，我很希望您可以當衆對我一拜。」

管家笑著說：「這有什麼難的！」

第二天，孟倫來到張讓的府前，那些盼望升遷、趨炎附勢的小人也早已擠

在門前，靜靜等待管家開門安排。

不久，管家領著奴才們開門見客，衆人也立即湧上前去。

這時，管家卻忽然揮了揮手，領著奴才們朝著孟倫的方向前去，接著他帶

頭向孟倫行跪拜禮，然後客客氣氣地引領他進入府邸。

衆人一看見管家對這個陌生人如此恭敬，無不議論紛紛，心裡揣測：「他

一定是張府的重要人物。」

「這個人和張讓的關係肯定非比尋常。」有人交頭接耳地說。

於是，那些等不到管家的人紛紛轉向拜託孟倫，他們將原本要給管家的金錢，全數送到了孟倫家。

至於孟倫，他當然早預料到這種結果了。因為他在管家身上下那麼多的功夫，無非就是為了今天，面對這些捧著金銀財寶上門請求的人，孟倫一概允諾，不到十天，他便累積了萬貫家財。

那麼人們的拜託呢？

自從有天黑夜孟倫舉家偷偷離京後，就再也沒有下文了。

不知道是孟倫太奸詐，還是被慾望蒙蔽的人根本看不見現實真相？

不論是管家被利用了，或是奸商的本質太過詭詐，問題關鍵始終都出在「求官者」的身上，若不是他們利欲薰心，被孟倫清楚看見人們急於求官的弱點，

他們怎麼可能會被欺騙？而且是被騙得血本無歸？

這類故事的道理古今皆通，在在說明如果我們能少一點貪婪之心，社會上受騙的哭泣自然會少一些。

世上沒有白吃的午餐，沒有付出努力而得到的財富，原本就讓人感到不踏實了，更何況是故事中那些只懂逢迎巴結而沒有實力的求官者呢？抑制不了貪婪的人又怎麼可能真正地得到成功的機會呢？

真正的機會要靠自己創造與爭取，我們才能清楚掌握自己的未來，也才能不必受制於人，自在地享受豐收的果實。

少一點貪婪，多一點踏實，我們才能真正地享受生活的樂趣，也才能開開心心、自由自在地享受富足人生！

精神鬆懈，機密就可能外洩

當我們在處理任何訊息時，不管是傳達或者接收，都要經過大腦判斷，以防有心人士利用自己來散佈謠言。

情報是任何戰場上決勝負的重要訊息，倘若落入敵人手中，就會成為摧毀己方計劃的致命武器。

在電影、電視劇裡，主角總是「意外」在洗手間裡得到重要的消息，才能反敗為勝，一舉打敗敵手。其實，這樣的情節不只是影片中才會出現，現實生活裡，這樣的事情也不少。

說者無心，聽者有意。必須留意，接收訊息的對象或「被迫」接受訊息的

對象，都有可能「背叛」你，將你所說的一切透露給最不能知道的那個人。所以，在任何時刻，說話都要小心。

一九四四年的秋天，史達林邀請英國首相邱吉爾和外交大臣安東尼・艾登到莫斯科訪問。為表示由衷歡迎，史達林在莫斯科大劇院舉行盛大文藝晚會來招待邱吉爾和艾登，安排的許多節目既精采又豐富，讓兩人目不暇給。

中場休息時，史達林請邱吉爾和艾登到休息室飲茶。席間，他們三人談笑風生，氣氛頗為融洽。

喝完了茶，邱吉爾和艾登邊走邊聊，來到了盥洗間。這時，邱吉爾突然心血來潮，想出了一個可以幫助波蘭政府解決人民流亡倫敦問題的新點子。

邱吉爾對於這個想法異常興奮，不僅滔滔不絕地向艾登說明這辦法的相關步驟，還當場沙盤演練起來。直到艾登怕史達林和觀眾等太久，再三提醒邱吉爾，才阻止了他繼續發表。

他們一起回到包廂時，史達林和熱情的蘇聯觀眾們仍陪同他們觀看演出，沒有什麼特別的反應。

隔了幾天，史達林又邀請邱吉爾和艾登到他家共進晚餐。他們抵達時，史達林已經在門口熱情迎接。他們一起穿過一個小小的前廳，當兩人正在欣賞室內景觀設計時，史達林突然指著屋角的一扇木雕門對邱吉爾說：「這裡是洗手間，如果你們想洗手的話，可以在這兒。我知道你們英國人喜歡在這種地方討論政治問題。」

邱吉爾和艾登聽了都很不好意思，這時候他們才知道原來在莫斯科大劇院的洗手間裡安裝了竊聽器，他們的談話都被蘇聯人聽到了。

連足智多謀的邱吉爾，都會犯下如此嚴重的錯誤，萬一討論的話題是攸關國家安全的機密，那後果可就不堪設想了。況且，不管討論的內容重不重要，對史達林而言都是一件失禮的行為。

廁所常常是小道消息的來源，因為人們在內急「解放」之後，精神往往也跟著鬆懈，不自覺地就會將一些平常守口如瓶的消息「不小心」洩漏出來，或者是對一些人的批評，也多半會在這個時候流露。

在瞬息萬變的人生戰場上，成功與否取決於人際關係的優劣。而與人相處時所產生的風險，都是發生在讓人意想不到的地方，一個不注意，就會陷入窘境。這也表示，當我們在處理、利用任何訊息時，都必須特別小心。不管是傳達或者接收，都要經過大腦判斷，以防有心人士利用自己來散佈謠言。

做人要是沒有一點防人之心，無異於把自己推向險境。

「好人」總是懂得見縫插針

怨天怨地也改變不了既成的事實。早點放手，早點看開，或許對

你來說，才是最好的一種選擇。

作家拉布呂耶爾曾經說過：「所有的成功人士，總是清楚地讓人們知道自

己的成功符合他們的利益。」

熟諳人性的人，通常會想方設法投別人所好，再趁機上下其手，達成自己

的目標。這正是某些讓你深惡痛絕的賤人，為什麼比你成功的原因。因為，他

們總是懂得巧妙包裝自己的目的，懂得適時見縫插針。

愛情沒有道理，一切都只能說是天意。

那是四年前的事了，當時小明還只是一個大學生。

小晴是小明的同班同學，也是他們班上最漂亮最清純的女孩子，小明第一眼看到她，就已經愛上了她。

沒多久，她總算答應了小明的追求，成為小明的第一任女朋友。認識他們的人都說，他們簡直是天造地設的一對。

就在他們交往後的第一個暑假，小明邀請她來家裡玩。

但是，小明並沒有帶她回自己的家，而是商借了舅舅家，因為他舅舅是一個億萬富翁，家裡的裝潢、擺設豪華得簡直和皇宮沒有兩樣，小明很想藉此博得小晴的歡心。

那天下午，舅舅很熱情地招待，小明和小晴也玩得不亦樂乎。

四年後的某天，小明和小晴在咖啡廳又再見面了。

她關心地問小明：「你現在好嗎？還是一個人嗎？」

小明酸溜溜地回答：「是。」

小晴繼續用她那天籟般的聲音說：「你應該要找一個女朋友了，不要再沉緬於往事之中。我和我丈夫都很關心你的。」

「是的，舅媽。謝謝妳和舅舅的關心，你們放心好了，我一定很快就會找到女朋友的！」

西方兵聖克勞塞維茨在《戰爭論》曾經說過：「在戰場上，任何一次出敵不意的勝利，都是以詭詐作為基礎。」

現實生活中的那些「好人」都知道，想要在現實的社會左右逢源，就必須耍奸使詐，才能以最低成本獲得最高效益。

作家史密特曾寫道：「想要當好人之前，必須先知道如何做壞人。」

人性是醜陋的，而且越卑鄙的人，就越會暗中陷害他人。有點心機，具備

一些防人之心，才能避免自己陷入危機。

想要在情場上獲得出奇不意的勝利，也是相同的道理。

這個世界上有太多見色忘友的「賤人」，為要了擄獲鎖定的獵物，正不動

聲色地暗地遂行「破壞」詭計，因此做人一定要有「先賤之明」。否則，類似

上述故事的劇情，就會在你的生活中上演，眼睜睜看別人破壞你。

當然，愛情沒有公平可言，怨天怨地也改變不了既成的事實。萬一攤上這

種事情早點放手，早點看開，或許對你來說，才是最好的一種選擇。

不要讓別人的意見影響自己的判斷

看法人人都有，道理人人會講，不管你遇到的是哪一套意見，你都應該要有自己的一套判斷！

如果你不想老是被那些奸詐之人坑騙，就必須洞穿他們內心正在玩弄什麼詭計，否則，又怎麼知道他們如何算計你，更別提如何提防了。

活在這個「明槍易躲，暗箭」難防的社會，每個人的內心都有一些見不得人的慾望和心思，久而久之便人前一副道貌岸然的臉孔，人後卻又是另一副男盜女娼的真實面目。

因此，千萬別認為外表看起來人模人樣的人，就不會對你耍賤、耍詐！同

時，平常也要多一點心眼，思考那些聽起來頗有見地的建議，會不會是包藏禍心的「賤議」。

有一對結婚多年的夫妻，丈夫懷疑太太紅杏出牆，可惜苦無機會調查，只好委託他們家的鸚鵡充當間諜，告訴牠每天都必須向自己報告女主人是否有不軌的行為。

過了兩天，鸚鵡回報主人說：「今天女主人帶了一個很帥的男人回來，不過你放心，沒事！那個男的進屋之後，就跟著女主人到房間裡去了，我在門外偷聽，原來女主人是請那個男的進房間去吃飯啦！而且我還聽到他們一共吃了五道菜……」

「你怎麼知道？」男主人詫異地問。

鸚鵡驕傲地回答：「因為，我有很強的推理能力嘛！他們才剛進去，我就聽見女主人說：『這雞好肥喔！』我立刻猜到第一道菜是雞肉了。跟著沒兩分

鐘，我又聽見那男的說：『鴨上來囉……』所以，我想第二道菜應該是鴨吧！

接著，我又聽見那個男的說：『翻過去……』憑我聰明的腦袋，我立刻猜出了第三道菜一定是魚。然後，我在房門外等了大概二十分鐘，才聽見那男的和女主人同時說：『蟹出來了……』我肯定第四道菜是螃蟹，只是不知道是不是大閘蟹？最後一道菜是湯，因爲我聽見女主人一邊笑一邊說：『好濃喔！』我想他們喝的應該是什麼濃湯之類的吧。」

此時，男主人的臉色已經綠到快不行了，這隻自認聰明的鸚鵡急忙安撫他說：「主人，女主人只不過是好客，喜歡請人家來家裡吃飯而已。你放心，沒事！沒事！」

莎士比亞說過：「傾聽每一個人意見，可是只對少數人發表你的意見；接受每一個人的批評，但保留你自己的判斷。」

別人的意見可以參考，卻不可以當作唯一指標。

別人的指教必須虛心接納，但不需要照單全收。

這世界上有形形色色的人，也有各式各樣不同的想法和看法。你不需要為一個人的看法而顛覆你的全世界，也千萬不要因為相信一個人就全盤信賴他，否則只會傻傻地被人玩弄於股掌之中。

看法人人都有，道理人人會講，不管你遇到的是哪一套意見，你都應該要有自己的一套判斷！

小心故作英勇的假英雄

「英雄救美」是贏得美人心的老戲碼，只是，女人或許會愛上英勇的男人，卻永遠不會原諒將自己置於險地的假英雄。

人性最大弱點就是習慣相信那些慈眉善目、熱心幫助自己的「好人」！正因為如此，才讓那些衣冠楚楚的「好人」有機會大玩「仙人跳」的伎倆。

偽善是小人最常見的面貌，恭維則是他們最常使用的武器，因為，以善意包裝惡意，最能模糊別人的視聽，也最能掩飾自己的卑劣的動機。

現實往往沒有想像中美好，外貌也經常和內在不相符合，千萬要提醒自己多留一些心眼，才不會老是栽在那些「金光黨」的手中。

一棟大樓發生火警，消防隊趕到時發現，在十八樓的窗戶旁，有名年輕貌美的女子正在高聲呼救。

眼看著火勢凶猛，越燒越熾烈，在場所有旁觀的人都不禁為這個美女的性命安危捏把冷汗。

只是，不知為什麼，卻遲遲不見消防隊員前去搭救。

終於，有位英勇的消防員衝了進去，經過一番折騰之後，把美女毫髮無傷地救了出來。

事後，美女感激地對救命恩人說：「真是太謝謝你了，我想，你為了救我，一定花了不少力氣吧？」

「那是當然的！」消防員驕傲地回答道：「我花了很多力氣，好不容易才打退了另外那三個搶著要去救妳的人。」

曾經聽過一個傳說，一名男子愛上在河邊沐浴的仙女，便偷偷拿走岸邊那件讓仙女得以飛翔的羽衣，再裝做恰好經過的樣子，解救受困人間、不知所措的仙女。

失去羽衣的仙女留在人間，與對她有恩的男子一同生活，他們結婚、生子，過著和凡間一般夫妻一樣的日子。

一直到多年以後，仙女意外地在丈夫的櫃子裡看見她那遺失多年的羽衣，於是，毅然決然地穿上羽衣飛走，拋下了她在人間的一切。

「英雄救美」是贏得美人心的老戲碼，只要搬出這一招，很少女人可以不上當。只是別忘了，女人或許會愛上英勇的男人，卻永遠不會原諒將自己置於險地的假英雄。

小心判斷，才不會遭到背叛

情人的背叛已經很令人難堪的，更讓人沮喪的是，他的共犯居然是你的好友，教人怎麼能夠接受這樣的事實？

斯賓諾莎曾說：「在人生的戰場上，被暗地算計的好人，往往是不懂得小人最有力的武器——卑鄙和奸詐。」

確實，人生的陷阱無所不在，面對揮之不去的小人，「學會做聰明人」就是一種保護自己的處世智慧。

日防夜防，好朋友最難防。因為，那些最親近你的人，往往也就是最有機會攻擊你的人。

我們必須相信人性崇高的一面，但也不可以否認它黑暗的那部分。

人們不容易被他們認為可惡的人欺騙，但卻很輕易地被他們敬愛的人所騙，

因此，千萬別認為可親可愛的人，就不會對你耍奸耍詐喔！

阿珠和阿花是一對非常很好的朋友，有空的時候，經常聚在一起聊天，談談八卦。

一天，阿珠憂心忡忡地對阿花說：「我最近要當心一點了。」

「為什麼？」阿花好奇地問。

「我怕……要是不小心懷了孕，真不知道要怎麼辦？」阿珠小聲地說出了自己的心事。

「怕什麼！」阿花說，「妳老公不是前幾天才去做結紮手術嗎？妳還有什麼好怕的呢？」

「就是因為他結紮了，所以我才害怕啊……咦！奇怪！我記得我還沒有告

訴妳，妳怎麼會知道我老公去做結紮手術呢？」阿珠越想越不對勁。

阿花回答道：「是妳老公自己告訴我的啊！他說他已經結紮了，叫我以後都不需要再擔心了！」

天哪！情人的背叛已經很令人難堪的，更讓人沮喪的是，他的共犯居然是你的好友，教人怎麼能夠接受這樣的事實？

真正的朋友，絕對不會做出對你不忠的事。會做出這種事情的，絕對不是你真正的朋友。能夠傷害、出賣你的人，通常是和你很親密的人，不過，靜下心來想想，發生這種事情，你損失了兩個最親密的人，但也因此認清了兩個虛偽的人。既然如此，你又有什麼好忿忿不平的呢？

一場突如其來的悲劇，使你因禍得福看清了兩個人的真面目。從今以後，你會睜大眼睛去選擇你的情人；從今以後，你也有足夠的能力判斷出誰才是你真正的朋友。

好貨不便宜，便宜沒好貨

貪小便宜時眼睛可要放亮點，否則造成之後更大的損失，不僅丟了面子也失了裡子，那可就得不償失了。

一天，一位小姐招了輛計程車便跳了上去。誰知等到司機載她到指定地點後，卻把兩手一攤說：「我沒有錢，要怎麼樣都隨便你。」

這個司機為人正直，並不想怎麼樣，便很爽快地說：「妳走吧！」

等到那位小姐打開車門準備下車時，司機又問了她一句：「妳要不要看一下總共多少錢啊？」

「不就一百五十塊錢嗎？」小姐看著費率表回答。

司機點了點頭，語重心長地說：「嗯，沒錯。妳知道我為什麼無條件就讓妳走了嗎？因為我媽媽告訴過我，便宜沒好貨！」

人人都喜歡貪小便宜，但是，想貪小便宜之時眼睛可要放亮點，否則因為貪圖一時便宜，反而造成之後更大的損失，不僅丟了面子也失了裡子，那可就得不償失了。

有一次，小明和幾位朋友結伴一起去大陸旅遊。

當他們到達一處海灘時，看到當地風景優美、氣候宜人，因此每個人都想買條泳褲，感受一下徜徉水中的樂趣。

沒想到，這個海邊的物價驚人，泳褲的價錢高得離譜。就在他們一群人遺憾地望洋興嘆時，附近來了一個小販，熱情地拿出一大堆花花綠綠的游泳短褲讓他們挑選，並且好心地強調說這些是「一次性」的游泳短褲，游完泳之後就算丟了也不可惜。

小明換算一下，發現每條泳褲只需新台幣十五塊錢，經過一陣討價還價後，最後更以十塊錢台幣成交。

小明立刻穿上新買的泳褲下水游泳。但游了幾十分鐘以後，小明忽然感到下半身變輕了，好像少了一點東西，伸手摸一摸泳褲，猛然發現整條泳褲早已不翼而飛，只剩下一根鬆緊帶綁在腰部。

小明驚慌地低頭研究了一下，又看見他的胯部尚殘留著一些紙糊，這時，他才明白剛才小販所說的「一次性」泳褲，原來是紙做的。

百般無奈之下，他只好趕緊叫沒下水的同伴們拿了一塊遮羞布過來，才終於得以順利上岸。

法國作家拉布呂耶爾曾說：「確信自己很聰明的人，往往就是缺少智慧，或者根本沒有智慧的人。」

沒有智慧的人最愛貪圖眼前的便宜，也最容易被「好人」製造的表象迷惑，

最後因為一時的貪念而吃虧上當。

貪小便宜是人的天性，並不是什麼大問題，但是「便宜沒好貨」卻是你不可不知的定律。

每樣商品都有它一定的價值，若是你覺得它的價格太高，你可以認為它不值得，但不能輕易就否定它的價值。畢竟，花不花那個錢，決定權在你；但是值不值那個錢，這就見仁見智了。

價格便宜的東西未必不好，但是既然它的價錢那麼便宜，你也就不應該對它有過高的期待。

搞錯對象，只會損兵折將

牽扯到利益關係的工作上，有各式各樣的人圍繞著自己，需要建言的時候，該向誰請教，需要我們用智慧好好琢磨。

在生活或工作的大小事上，我們常常會遇到一些難題，自己一個人怕想得不夠周延，便求助於他人，找出最好的解決辦法。俗話說「一人計短，二人計長」，又說「三個臭皮匠，勝過一個諸葛亮」，都是在說一人之智有盡，多人之智無窮的道理。

不過，在我們尋求他人意見的同時，有一件非常重要的事，可千萬要先弄清楚，那就是千萬不要搞錯對象，不要以為那些裝出「好人」姿態的人，就是

可以推心置腹的人……

樹林裡有一群白鷺，住在林中的一棵無花果樹上，樹下的洞裡住著一條黑蛇。白鷺的小幼鳥們，往往在還沒有長出翅膀之前，就被蛇吞吃掉了，白鷺們一直過著這種擔驚受怕的日子。

有一天，一隻白鷺的兒女都被蛇吃掉了，傷心之餘灰心喪氣地跑到水池，垂喪著頭站在那裡哭泣。

池裡的一隻螃蟹看到白鷺這副哀戚的模樣，便問牠說：「白鷺呀！你今天為什麼這樣悲傷呢？」

白鷺回答：「唉，我究竟該怎麼辦呢？我自己的兒女，還有我那些親屬的兒女，都被洞裡的蛇吃掉了，我們一想起來就傷心。請你告訴我，有沒有辦法除掉這條毒蛇？」

螃蟹聽了，心裡暗自想著：「白鷺可是我們這一族類的天敵啊，我要想一

個辦法，好讓白鷺們全都死掉。」於是就說：「如果是這樣的話，你就把一塊塊的魚肉從埃及猿的窩門口一路丟到蛇的洞口。這樣，那埃及猿就可以沿著魚肉過去，把蛇吃掉了。」

白鷺滿心歡喜，真的按照螃蟹教的辦法做了。那隻埃及猿果然沿著魚塊跟蹤而來，把黑蛇吃掉了。但緊接著，埃及猿又爬上樹去，順便把正在搭窩的白鷺，也一隻隻吃掉了。

✿

有句話叫「與虎謀皮」，這種向兇惡的人求施捨、向悖強的人求憐憫的行徑，註定無法得償所願，一不小心還會遭殃。

許多人都知道這個道理，然而，在日常生活中，卻總是表現得像故事中的白鷺這樣，向與自己有利害關係的螃蟹討教救命的方法，可比「與虎謀皮」聰明不到哪裡去。

螃蟹恨不得自己的天敵白鷺統統消失，又怎麼會同情白鷺的遭遇、指點一

條活命的道路呢？對螃蟹來說，這樣的借刀殺人並不算什麼，白鷺要活下去，螃蟹也要活下去啊！

在我們的生活週遭，尤其是牽扯到利益關係的工作上，總會有各式各樣的人圍繞著自己：對我們好與關心我們的人、點頭之交的普通人、與自己有利害關係的人……等等。當我們遇到困難、需要建言的時候，該向誰請教，該請誰伸出援手，在在需要我們用智慧好好琢磨。

07

疏於提防，小心吃虧上當

我們的心裡都該有一點用來保護自己的心機，

否則到最後吃虧上當的人，很可能還是我們自己。

面對壞人，你必須更聰明

正因為壞人很多，所以才越突顯出人性善良的可貴。而當壞人變得越來越狡猾，好人也應該讓自己變得越來越聰明！

其實，許多事物所呈現的外貌，往往是充滿矛盾又破綻百出的，但是，一般人卻容易被表面現象欺騙。

這是因為，我們都知道應該逃避諂媚者的巴結逢迎，但是卻又容易「見獵心喜」，才會讓自己經常栽在騙子的伎倆之中。

騙子通常熟諳這種人性的弱點，因此會唱作俱佳地讓你絲毫不懷疑，他就是準備讓你上當受騙的人。

這年頭，雪中送炭的人少，趁火打劫的人卻很多。詐騙成了最風行也最賺錢的行業之一，想知道我們都是怎麼被騙的嗎？

有一名流浪漢終日無所事事，只好到處騙吃騙喝。

一天，他見到一戶人家正在家門口辦喪事，便跑進靈堂大哭起來，哭得喪家的人個個面面相覷，努力回想他是死者哪門子的親戚朋友。

終於有個人忍不住開口問：「先生，請問您是哪位啊？」

流浪漢厚著臉皮說：「唉，就算我說了，你們也不知道，我和這位老先生是忘年之交，他對我來說，就像我的親生父親一樣，想不到才幾個月沒見，他就……就不幸去世了，結果你們也不通知我一聲。還好我今天偶然經過，看到他的照片才知道這件事。嗚……真是的！我連祭品都還沒來得及買呢！唉，我還有什麼面目來見他老人家呢……」

這家人聽著聽著，無不感動萬分，便把他當成自家人一般，熱忱地招呼他

吃喝一頓。

此事傳到了另外一名流浪漢的耳裡，知道了有這等騙吃騙喝的好事，便想依樣畫葫蘆，討此祭品來填飽五臟廟。

他同樣特地找到一戶正在辦喪事的人家，一進門便依樣畫葫蘆地嚎啕大哭，悲慟莫名地說：「嗚……我的老相好，你怎麼就這麼走了啊……」

話還沒說完，這個流浪漢就遭到一頓亂拳揮打，原來，這戶人家死的是一個年輕的媳婦。

想佔人便宜，小心偷雞不成蝕把米。凡事都必須付出代價，想要從事偷雞摸狗的勾當，就必須要付出雞飛狗跳的代價。

做壞事也要有做壞事的本事，先是要泯滅天良，其次是要洞悉人性，不怕別人不上當，只怕自己演得不夠像。

但儘管世道黑暗，我們還是不該對這個社會感到灰心。

正因為社會上的壞人很多，所以才越突顯出人性善良的可貴。正因為人人都有可能受騙，所以我們才更需要守望相助，一起合作打擊犯罪。

當壞人變得越來越狡猾時，好人就應該讓自己變得越來越聰明。當身邊做壞事的人越來越多時，我們就更應該懷著一份感激的心，感謝上天曾經讓我們遇見那些難能可貴的善心人；並且，同時也要期許自己，盡己所能，以同樣的善心，去幫助更多需要幫助的人。

猛拍馬屁，一定懷有目的

事實上，更應該小心那些笑裡藏刀、專拍自己馬屁的「好人」，因為他們才是會對你造成更大傷害的「小人」。

俄國作家克雷洛夫曾說：「關於阿諛拍馬的卑鄙和惡，不知道告誡過人們多少遍，然而沒有用處，拍馬屁的人總會在你的心裡找到空位。」

因此，當你遇到猛拍自己馬屁的人，就別太意外、太見怪，因為，如果沒有得到你的「默許」，別人又怎能拍得到你的「馬屁」，進而在你疏於提防時對你造成傷害呢？

千萬要記住：猛拍馬屁，一定懷有不可告人的目的。

一名農夫駕車行駛在路上，不巧和一名律師的汽車相撞。

律師下車巡視災情後，高傲地遞了張自己的名片給農夫，臉上清楚寫著：

「我是律師，擅長打官司，你是贏不了我的！」

農夫恭恭敬敬地收下律師的名片之後，趕緊從自己的後車廂中拿出一瓶威士忌，諂媚地對律師說：「大律師，車子壞了不要緊，幸好我們兩個都沒事，這真是不幸中的大幸啊！我看你好像受了不小的驚嚇，喝一口酒吧！酒可以定定神的。」

律師於是便喝了一小口。

「咦？你的臉色還是很蒼白呢，剛才一定嚇到了吧！」農夫說：「再多喝幾口壓壓驚吧！」

律師在農夫的勸說之下又喝了五、六口。後來，律師回過神來，想到該有的禮貌，也客氣地對農夫說：「不要光是我喝，你也喝幾口吧！」

「不，」農夫一臉堅決地說：「我不喝，我在等交通警察來。」

有個人總是和你作對，你該不該默默忍受？

有個人老愛找你的碴，你要如何才能還以顏色？諜對諜，耗費心力；硬碰硬，兩敗俱傷；只有以柔克剛，你才能全身而退。

看見一名彪型大漢走過來，一般人的反應都是戒慎恐懼，但是當一名纖纖女子笑臉迎人地靠近你時，誰又會想到她的心裡是否暗藏玄機呢？沒錯，這就是「以柔克剛」的妙用了。

很多時候，虛張聲勢、輸人不輸陣或許真有增強自信的效果，但有更多時候，懂得放下身段、表現出柔軟的一面，反而更能攻其不備。

相對的，並不是目露兇光的才叫壞人，並不是雙手握拳的才會威脅到你，事實上，反而更應該小心那些笑裡藏刀、專拍自己馬屁的「好人」，因為他們才是會對你造成更大傷害的「小人」。

疏於提防，小心吃虧上當

我們的心裡都該有一點用來保護自己的心機，否則到最後吃虧上當的人，很可能還是我們自己。

單純的人固然最受歡迎，但也最容易被騙。如果你不想成為別人算計的對象，那麼，除了必須擁有好人的純真之外，更須具備小人的深沉。

在心機深重的權謀者腦中，安排的計謀常是一步接一步，就如同下棋一般，在他走到最後的幾步棋之前，其他人根本難以預料他真正的企圖。

因此，面對這種滿腹心機的人的時候，我們不能從他所說的話來評估他，甚至也不能從他一時的行為來衡量他，因為，這樣做的後果，往往都會得到錯

誤的結論，做出錯誤的判斷。

中國春秋時代，鄭武公決心攻佔慢慢強大的胡國。

這個計劃他已經密謀了很久，為了迷惑胡國，他還故意把女兒嫁給胡國國君，降低對方的心防。

有一日，鄭武公徵詢眾大臣的意見：「我們現在應該征討哪個國家？」

一位大臣回答：「最好的目標是胡國。」

這其實和鄭武公心裡所想的是一樣的，但是他卻表現出震怒的樣子，斥責說：「你居然提議我去攻打我們的兄弟之邦？」

這名大臣因為這番話，莫名其妙被殺頭。

這名大臣是鄭武公最寵信的大臣之一，胡國國君聽到了這個消息，立刻就放鬆了對鄭國的戒心。

沒多久，鄭國軍隊趁虛而入，佔領了胡國。

鄭武公為了隱瞞真正的想法，而將自己寵信的大臣殺害，只因為這名大臣將他心中真正的企圖說了出來。

「口是心非」到這個程度，真令人咋舌！

史上不乏像鄭武公這樣的權謀者，他們能為了實現自己的計謀不擇手段，也能為了掩飾自己的計劃殺人滅口；即使是到了現代，那些大奸大惡之徒仍然不時以「好人」的面貌出現，擅長嘴上說一套、心裡想的是另一套。

他們善於演戲，對人性也有相當的了解：這些人可能披上的是政客、醫生、律師、代表……等等乍看之下光鮮亮麗的外衣與職稱，讓我們疏於提防。

害人之心不可有，防人之心不可無。對於這樣的人，我們的心裡都該有一點用來保護自己的心機，不能過於單純、掉以輕心，應該用精明的眼光，以長久的觀察來衡量他們，而不是只聽他們的一句話、只看他們一個行動，便妄下定論，否則到最後吃虧的人，很可能還是我們自己。

不胡思亂想，就不會上當

不要怪不實廣告吊起你的胃口，追根究底，一切都是胡思亂想惹的禍，因為你自己想得太多！

拉布呂耶爾曾說：「嘲笑別人，常常是智力貧乏的表現。」

的確，人們通常喜歡嘲笑自己覺得可笑的事物，但往往在最後，反而鬧出「不小心笑到自己」的笑話。

因此，當你還搞不清楚自己為何要嘲笑別人的時候，或是碰到自己並不理解來龍去脈的荒謬事情，千萬別輕率地嘲笑，因為日後你自己也可能會有類似的遭遇，淪為被人取笑的對象。

一個女人和一個男人在一起能做些什麼？

一個女人和一群男人在一起又能做些什麼？

以下這則故事，正是要告訴你現實與幻想之間的距離。

小明經過一家專放小電影的電影院，看到牆上的海報寫著：「本周新片為一個女人和七個男人的故事。劇情大綱：一名美女在路上莫名其妙地暈倒，被七個男人強行拖入森林裡……」

小明看得慾火中燒，興沖沖買票進去電影院，沒想到……

播的竟然是〈白雪公主〉這部卡通片！

又過了一個禮拜，上當過一次的小明再度經過那家電影院，看到外頭貼出嶄新的宣傳海報，上頭寫著：「本週播出一個女人和七個男人的故事。內容簡介：一名絕世美女與七個男人共度驚濤駭浪般的銷魂體驗……PS：絕非〈白雪公主〉。」

嘿嘿嘿！這回應該來真的了吧！

小明迫不及待地買票入場，結果……

他花了兩個小時看了〈八仙過海〉這部民間傳奇。

看到笑話中的小明因為想入非非而被電影院的宣傳用語唬弄兩次，你會不會認為他未免太過豬頭了？

碰到這種蠢事，想要冷嘲熱諷一番，其實是自然反應。

但是，對於「落難者」，我們應該厚道一點，盡可能不要大聲嘲笑，因為，誰也不能夠保證自己永遠不會在相同的道路上摔跤！

同時，也要記住：幻想是一種興奮劑，服用的時候固然會讓你產生暫時的快感，但是，藥效過後，你所得到的可能是加倍的惆悵與懊惱。

人性本來就很詐！不要怪不實廣告吊起你的胃口，追根究底，一切都是胡思亂想惹的禍，因為你自己想得太多！

仔細觀察就能識破對方的企圖

偽裝者變幻著各種不同的姿態、不同的聲調與表情，要看破他們的真正企圖，所需要的，是冷靜的觀察與銳利的眼光。

偽裝與謊言，在很多時候，是社會上求生存的必要本領。回想看看，在職場上、在生活當中，我們曾經聽過多少善意的、惡意的、為圖利自己、為隱瞞事實而欺騙他人的謊言？

我們又看過多少惺惺作態、搖尾乞憐的偽裝？

一頭曾經身強力壯、威猛無比的獅王，現在老了，變得身體虛弱，病痛纏身。牠餓得實在支持不住了，只好去追捕那些沒有斷奶的小牛和羔羊。但小牛和羔羊只要爬上崎嶇的山崗，就能十分輕鬆地逃出牠的魔掌，獅子白白追捕了幾次，更加飢餓與衰弱了。

最後，牠想出了個妙法，放出風聲，說牠在宮殿裡重病纏身，已經快要嚥下最後的一口氣，牠非常後悔過去的殘暴行為，希望願意原諒牠的動物們，在牠過世之前能夠前來探望。

消息傳出，森林裡的兔子與梅花鹿聽了，真的到獅子的宮殿中去探望；獅子非常感激牠們的善良，便把牠們狼吞虎嚥地吞進肚裡。

這天，聰明的狐狸來到宮殿門口，仔仔細細地觀察。獅子看見了狐狸，熱情地招呼說：「親愛的狐狸啊，快到這兒來！在我生命的最後一刻，你能像其他人一樣來探望我，真讓我感動！」

狐狸卻回答說：「啊，大王，我知道！他們進來了，卻沒有出來，這一行行腳印清楚地告訴人們：有去無回就是探望你的人的下場。」

我們常常會因為不同的立場或喜好，甚至是個人的情緒與偏執，特別容易相信某些人的話語，工作上如此，面對週遭的親友也是這樣。

他們可能有著甜蜜的笑容，可能有著卑微無害的身份，可能有著看起來親善和藹的面孔，可能說著義正詞嚴的話語。我們對他們付出信任，對他們的話不加懷疑，卻忘記先用自己的眼、自己的耳、自己的想法，對他們的所做所為進行檢視。

偽裝與謊言常常一起出現，偽裝者變幻著各種不同的姿態、不同的聲調與表情；他們可能擺低了姿態，一面向你說：「請可憐可憐我吧」，一面卻在心裡打著你的主意。

要看破他們的真正企圖，需要的，是冷靜的觀察與銳利的眼光。

一行行只有進去沒有出來的腳印，說明了探訪者的命運，狐狸站在門口，用牠的眼睛看透了獅子的偽裝與謊言，而我們呢？

可以不介意，但是一定要注意

對於自己的傳聞可以「不介意」，但是一定要「注意」。在需要的時候做適當的處理，讓它在自己可以控制的範圍內。

小王最近發現一進辦公室，就有一堆奇怪的眼光直盯著自己，原本和自己交情不錯的同事，態度也比以往冷漠許多。甚至原本是自己負責的企劃案，竟臨時被主管取消。

摸不著頭緒的小王，感到非常挫折。他根本不知道有個不利於自己的傳言，正在公司裡四處傳播，因而不論公司內的人相不相信這則謠言，心裡多多少少都受到了影響。

從街頭巷尾到公司行號，八卦、傳聞往往是人們的最愛，也以不同形式存在於我們的周遭。它是「隱形殺手」，不小心多挨它幾刀，就會因為流血過多而死亡，一定要特別留意。

弗拉基米爾・馬雅可夫斯基是二十世紀第一位將自己的才華獻給社會主義十月革命的蘇聯詩人。

一九一七年的某一天，他走在聖彼得堡的涅夫斯基大街上，悠閒地享受迎面吹來的微風。走到轉角處時，發現前面不知為什麼圍了一群人，阻擋了通道。他走上前一探究竟，沒想到才剛靠近，就聽見自己的名字不斷被提起。好奇的他佇立觀看，見到有個頭戴小帽、手提包包的女人站在人群中央，正用最荒謬的謠言在汙衊、中傷自己。

突然，馬雅可夫斯基穿過人群，衝到這個女人跟前大喊：「抓住她，她昨天把我的錢包偷走了！」

那女人聽了這項指控，驚慌失措地說：「你在胡說些什麼？你搞錯了吧，

我根本不認識你！」

但馬雅可夫斯基態度篤定，堅持說：「沒錯，我絕對沒有認錯人。就是妳

偷走了我的二十五盧布。」

人群開始鼓譟不安、議論紛紛，甚至有人嘲笑那個女人，並漸漸四散離去。

當所有人都走光的時候，那女人一把眼淚一把鼻涕地對馬雅可夫斯基說道：「我

的上帝，您瞧瞧我吧，我可真是頭一回看見您呀！」

馬雅可夫斯基答道：「可不是嗎？太太，妳才頭一回看見馬雅可夫斯基，

就可以毫無根據地批評他！我勸妳回家的時候，可別拿自己的傭人出氣啊。」

人們很容易對自己不了解的事物輕易下判斷，甚至說得頭頭是道。就如同

批評馬雅可夫斯基的那位太太，甚至連他是誰都不曾看過。

對於這樣的情況，能言善辯又風趣幽默的馬雅可夫斯基選擇正面反擊，以

杜絕類似的不實謠言再度傳開。

對於自己的傳聞可以「不介意」，但是一定要「注意」。至少必須了解傳聞的根源，明白是誰說出來的，以及用意何在，並在需要的時候做適當的處理，讓謠傳維持在自己可以控制的範圍內。

對於自己的謠言太過在意，會影響自己的情緒，因而在謠言並不傷大雅的情況下，可以當做沒這回事。但是，危及個人利益及人格的傳聞，就應該追查得愈清楚愈好，最好盡早澄清，必要時也要適度反擊，才可以避免對方用惡意的訊息傷害自己。

多用腦筋，才不會盲目聽信

倘若無法檢驗訊息的正確與否，就很容易成為有心人的利用對象，千萬別讓自己在無形中成為替他人傳遞不實訊息的信差。

在生活中，利用傳遞不實訊息來達到目的的有心人無所不在。通常他們會製造一顆顆「煙霧彈」，刻意散佈出去，藉此手段排擠掉競爭對手。因此，接收到任何訊息時，都必須小心謹慎，才不會落入敵人的陷阱中。

對於收到的訊息，必須評估它的可信度有多高，是不是錯誤的謠言，由誰傳出來，可能的目的何在，誰的獲益將為最大……這些判斷過程是必不可缺少的，如此才能為自己增添一點保障。

從前，有個非常吝嗇的富翁，要他從身上掏出一塊錢，就像要割下他身上的肉一樣痛苦。可是，他的兒子卻和他相反，是一個揮霍無度的紈褲子弟，還在外面欠下許多債務。

富翁對此完全不聞不問，更別說是替兒子還債了，兒子只好到處宣稱，等到父親死後一定會償還。

有一天，兒子實在等不及了，就和債主們商量要活埋父親。他們替富翁沐浴更衣，然後硬把他放入棺材中，直往墓地前進。

沿路富翁哭天喊地、不停求救，正巧路過的法官聽到他的聲音，便前來詢問。富翁在棺材裡喊道：「救命呀，大人！我兒子要活埋我！」

法官質問富翁的兒子：「你怎麼能活埋你的父親呢？」

兒子回答道：「大人，他在騙您，他真的死了！不信您問他們。」

法官轉身問周圍的人：「你們能作證嗎？」

「我們能作證，他真的死了。」眾債主回答。

於是，法官對棺材裡的富翁說：「原告只有你一人，證人也只有你一人，我怎麼能相信你呢？那麼多人都說你死了，難道他們都說謊嗎？」說完，他就揮一揮手宣判道：「埋吧！」

這個故事雖然有些誇大，但是延伸到現實生活中來看，的確有很多類似的荒謬情形不斷發生。

二十世紀最偉大的科學家愛因斯坦剛提出「相對論」之時，就如同許多新發現、新觀點一樣，一開始都無法得到廣泛的認同，甚至受到同行的批評和攻擊，完全沒有學術研討的空間。

當時，有學者為了推翻愛因斯坦的理論，甚至出了一本批判「相對論」的書，書名叫《一百位教授出面證明愛因斯坦錯了》。

愛因斯坦得知後，不以為然地說：「需要這麼多人證明我錯了嗎？如果真

的有錯，哪怕只是一個人出面也就足夠了。」

絕大多數人只要看到某某名人推薦的事物，就二話不說地一頭栽下去，從不認真思考過推薦的理由和原因。倘若無法檢驗訊息的正確與否，就輕易相信、盲目跟從，很容易成為有心人利用的對象。就像被貪婪的兒子和債主矇騙的法官一樣，成為顛倒是非、腦袋渾沌的人。

聽來的消息並非都是正確的，它可能只是一顆被有心人士操弄的「煙霧彈」，千萬別讓自己在無形中成為替他人傳遞不實訊息的信差。

觀察敏銳，就能擁有智慧

若能對人世間萬事萬物有足夠而且的觀察，我們便能看透人與物的本質，尋得最簡單，也最有效的解決方式。

法國大文豪羅曼羅蘭曾說：「智慧，是照明我們黑夜的唯一光亮。」

不論我們過著安定的生活，或是身在危險的處境裡，智慧都能讓我們趨吉避凶，受用無窮。

唐太宗李世民是中國歷史上的一代明君，早在他年輕的時候，就表現出解

決問題的過人智慧。

隋煬帝手下一個奸臣與李淵不合，想害死李淵，於是向隋煬帝提議讓李淵在百日之內為皇帝修建一座頗具規模的宮殿，若到時不能修好就處死李淵。

百日之內怎麼修得好一座宮殿呢？李淵明知是奸臣想藉此加害自己，可是又不敢抗旨，只能枯坐嘆息。

但他的兒子李世民卻極為沉著地說：「這問題看起來很難辦到，但並非做不到。大宮殿無法及時完成，我們就修小宮殿，只要宮殿的格局合了皇上的心意就行。時間緊迫，我們就重金招聘能工巧匠，讓他們想辦法解決。」

李淵依計而行，不僅張貼告示，而且派人四處尋訪。能工巧匠趨之若鶩，紛紛獻計獻策，巧施本領。果然，李淵不到百日就造好了宮殿，宮殿雖然不大，但精緻堂皇，很符合隋煬帝的意。

但不久後奸臣又進讒言，指稱百日之內不可能修好這座宮殿，這肯定是李淵早就造好了準備自用的。私造宮殿是謀反之罪，昏庸殘暴的隋煬帝大怒之下，便準備將李淵處死。

這時，李世民向隋煬帝稟告：「這座宮殿確實是百日之內造成的，請陛下派人檢查，如果是早修好的，釘子會生銹，瓦上會生霉斑，但新修宮殿絕對不會出現這種現象。」

隋煬帝立即派人前去檢查，果然證明了宮殿是新造的，於是不但不再追究，還重賞了李淵父子。

※

盧梭曾寫道：「禽獸根據本能決定取捨，人類則通過算計來決定取捨。」

想在這個爾虞我詐的社會生存下去，無論如何，都必須具備一些心機，否則就容易遭到各種「病毒」攻擊，讓自己陷入危機。就算再有能力的人，也要具備一些保護自己不受傷害的心機，更要懂得把心機用在正確的時機。

敵人的言語就算利於刀劍，所設下的陷阱就算是天羅地網，只要我們能以自身的智慧加以應對，一定能尋得一條脫身之道。

而這種處世的智慧，又是由何而來的呢？

李世民知道皇帝的喜好，也明白在短暫的時間內要同時做到「大」與「好」

是不可能的事情，因此他選擇了「小而精緻」的做法，成功地在時限內造出一

座精緻堂皇的宮殿，滿足了隋煬帝的喜好。

而在李淵蒙受小人陷害，險些被處死之時，李世民又能用難以駁倒的自然

法則，指出新的釘子不會生銹、新的瓦上不會長霉斑，戳破了敵人所織就的誣

陷謊言，保全了父親的性命。

如果我們能像李世民這樣，把平日觀察與體驗的心得和諧地應用到生活上，

就能擁有智慧的泉源。

若能對人世間萬事萬物有足夠而且敏銳的觀察，我們便能看透人與物的本

質，尋得最簡單，也最有效的解決方式。

08

沒有偏見，就不會被矇騙

當我們有機會站在人生的至高處，
一定要細心地觀看每一個角落，
打開視野，寬心容納，即使身處地獄，
我們也一定能發現希望的角落。

太過主觀，反而看不見真相

能堅守自己的原則與價值觀當然很好，但要是太過主觀，就會成了頑固的「死硬派」，反而看不見事情背後所隱藏的真相。

作家貝利曾說：「通常在別人面前，用今天的自己否定昨天的自己乃是成功人士不得不具備的手段。」

因為，這些「賤人」深知在什麼人面前必須說什麼樣的話，因此，即便全盤否認自己曾經講過的話也在所不惜。

當一個人連續犯了三個錯，人們很自然的就會懷疑，接下來的錯事一定都是他的傑作。事實上，這種成見可能會讓我們錯過許多認清事實的機會，更有

可能讓我們冤枉好人、誤信小人，上了當還不自知。

有個人開車在道路上行駛，結果因為超速而被警察攔下，警察依照慣例對他開口：「我可以看一下你的駕照嗎？」

豈知，這個駕駛人竟然回答：「我沒有駕照，我的駕照在我第五次酒後駕車時就被吊銷了。」

警察接著問：「那我可以看一下行照嗎？」

「喔，這不是我的車，這是我偷來的。」駕駛人若無其事的說。

「你是說……這台車是贓車？」警察簡直不敢相信自己的好運氣。

這年頭，能夠尋回贓車是一件多麼不容易的事，而且這一切居然得來全不費功夫，實在太幸運了。

駕駛人點點頭，大方承認：「是的，這車是我偷來的。喔！對了，我剛才把槍放進置物箱的時候好像有看到行照。」

「你是說，你把槍放在置物箱裡？」警察問。

駕駛人說：「是的，我就是用那把槍解決掉這輛車的主人，然後把屍體丟到後車廂，所以我才能開這輛車⋯⋯」

「什麼？後車廂裡有具屍體？」

警察嚇了一跳，馬上轉身偷偷回報總部，才一眨眼的工夫，現場就已經被一堆警車包圍得水洩不通。

一名看起來像是高階警官的人，面無表情慢慢地走近那台贓車，準備接手這件強盜殺人命案。高階警官依照慣例對駕駛人說：「先生，我可以看一下你的駕照嗎？」

「當然可以，這裡⋯⋯這是我的駕照。」駕駛人突然變得很有禮貌，立刻雙手奉上文件。

警官繼續盤問：「請問這是誰的車？」

「是我的，你看，這是我的行照。」駕駛人的態度十分配合。

警官露出了狐疑的眼神說：「那你能不能慢慢打開你的置物箱，好讓我檢

查一下裡面是不是有槍？」

「是的，警官……可是，我並沒有槍啊……」置物箱打開之後，裡面果眞

如他所說，連枝玩具槍都沒有。

警官感到納悶不解，接著問：「你可以打開你的後車廂嗎？我屬下告訴我

說，裡面有屍體。」

「眞的？怎麼會有這麼奇怪的說法？好，我馬上開給你看……」

當然，後車廂裡面也找不到傳說中的屍體。

這種情況，讓警官覺得有些尷尬，搔了搔後腦勺，很不好意思地對駕駛人

說：「這就奇怪了，剛剛攔下你的那個警察說你沒有駕照，沒有行照，而且車

上還有把槍，有具屍體！怎麼會這樣子呢？」

「哼……我敢打賭，那個王八蛋還跟你說我超速駕駛是不是？」駕駛人忿

忿不平地說。

大部分的人都很容易被自己心裡既定的成見牽著鼻子走。

當然，每個人因為生長環境的不同，必然會造就出不同的個性、觀念、價值觀，這些都深深的影響了每個人理解事情的角度。不過，這也是形成成見的主要原因。

在做人處世方面，能堅守自己的原則與價值觀當然很好，但要是太過主觀，就會成了頑固的「死硬派」，反而看不見事情背後隱藏的真相。

因此，在需要做出判斷的時候，我們應該要盡可能隨時保持頭腦清明，將個人好惡排除在外，才能避免落入因個人主觀而形成盲點之中，可以從客觀的角度將事情的脈絡看得更清楚。

不要用自大掩飾自己的缺失

一旦發現自己的缺失，人們通常會試圖以自大來遮掩它。但是當驕傲的心碰上一張諂媚的嘴，往往就會構成險惡的危機。

法國文豪羅曼羅蘭曾經這麼說：「一個不能打敗自己的人，便是自己最大的敵人。」

確實，很多人失敗，通常是輸給自己，而不是輸給別人，因此，想要成功，就必須先學會檢討自己，戰勝本身的怯懦、怠惰……等等缺點，才能以更多優點來面對詭譎多變的人生。

千萬不要明瞭自己的缺失，還沾沾自喜地加以掩飾。

一場激烈的戰鬥以後，部隊裡舉行了論功行賞大會。

將軍首先問一名士兵：「小伙子，這次激戰當中，你做了些什麼？」

士兵回答：「報告將軍，我一共殺了十二個人！」

將軍點點頭，拍了拍士兵的肩膀，以示慰勞。接著，將軍又問另外一名士兵：「小伙子，在這次激戰當中，你做了些什麼？」

「報告將軍，我一共殺了二十個人！」

將軍再度露出滿意的笑容，記下了這名士兵的名字。

終於，輪到最後一名士兵，將軍照例問道：「小伙子，在這次激戰當中，你做了些什麼？」

這名士兵自豪地說：「將軍，您聽了一定很高興，在戰鬥期間，我勇敢地衝上一座山頭，一口氣砍掉五十個敵人的腿！」

「喔？砍掉他們的腿？這可真新鮮哪！你為什麼不直接砍掉他們的腦袋

呢？」將軍露出了疑惑的表情。

「這……」這名士兵支支吾吾地解釋說：「報告將軍，因為他們的腦袋都已經被別人砍掉了。」

每個人都有弱點，也都有不如常人之處。能夠正視自己的問題，你的問題就算解決了一半。

最怕的是，有些人不願意面對自己不足的地方，反而妄想用自大來掩飾自卑，毫無自知之明，也缺乏一顆謙遜的心，再加上自己阻斷了自己的進步空間，試問，這樣的人怎麼可能會贏得別人的尊重呢？

一旦發現自己的缺失，人們通常會試圖以自大來遮掩它。但是當驕傲的心碰上一張諂媚的嘴，往往就會構成險惡的危機。

所以，不要老是擔心別人沒有發現你的優點，反倒是先想辦法隱藏自己的缺點，才是高明人會做的高明事！

不要被你最信任的人操縱

對於人的信任不要全心投入，再親近的人也要有些保留，畢竟真正肯犧牲自己成全別人的人從來屈指可數。

所謂的絆腳石，往往是我們無法看見的阻礙。

石頭越大，我們越能清楚看見並繞道避開，反而是那些隱藏在草叢中的小石頭，因為視線上的輕忽與雜草的遮掩，以致於我們經常在誤踩而跌倒後，才發現它偽裝下的真實面貌，竟是個可怕的危機。世路險惡，人心叵測，我們不僅要知道怎樣為自己爭取權利，更要知道如何保護自己。

雖然，對於我們信任的人不必完全疏遠，對於身邊的人事物也無須刻意隔

離，然而凡事都小心提防，卻是在這個偽善者大量出沒的社會中必備的認知。

艾咪一直都不明白：「為什麼同事們會嫉妒我？」這個問題確實令人費解，因為她完全沒想到，有個「好上司」，反倒成為她人際溝通上的阻礙。

艾咪的上司理查斯是個極好的主管，不僅待人和善，而且對艾咪這個助手更是體貼入微，對於艾咪提出的意見，不僅完全尊重而且樂於溝通，對艾咪的疼愛更是令其他員工嫉妒萬分。

艾咪生日的時候，他從來都不會忘記送她一份小禮物，其他重要節日來臨時，他也會準備精美禮物給艾咪。深受感動的艾咪心想：「我一定要更加努力。我想，只要我有好的表現，理查斯先生必定會幫助我爭取晉升的機會。」

不久，有個部門出現遴選經理的機會，艾咪的努力果然受到肯定，高層也曾召見她，並聆聽她的工作意願。然而，充滿信心的艾咪最終卻希望落空。這不僅令艾咪百思不解，那些認為她有著雄厚靠山的同事們也全部跌破眼鏡。

面對這個失敗，艾咪並未被擊倒，反而更加振作精神對自己說：「沒關係，繼續努力吧！艾咪！」

在此期間，理查斯先生也開始為自己的升遷而忙碌著，因為他盯上了副董事長的位子，對於艾咪的失望，他親切地安慰她：「我們一起努力吧！」

然而，無論艾咪怎麼努力，也不管理查斯先生怎麼大力相挺，艾咪始終都無法得到升遷的機會。經過一次又一次的面談機會後，艾咪也一次又一次地承受失望的結果，最後更讓艾咪決定放棄了。

然而，就在她決定放棄後的某一天，她偶然發現一個真相。

原來，一直阻礙她坐上經理位子的人不是別人，正是她亦師亦友的好上司理查斯先生，正是這個受人尊敬的主管一直在暗中阻礙她的未來。

艾咪發現，每當其他部門主管向理查斯徵詢意見，理查斯總是在一番讚揚後又暗示他們：「不過，艾咪還是有一些缺點，這個位置她恐怕還不適任。」

艾咪後來還發現，原來自私的理查斯是為了自己的晉升機會，而不願放手讓艾咪另謀發展。因為他自知，沒了艾咪的協助他根本無法坐上副董的位子，

於是能力更勝於他的艾咪，便在理查斯暗中扯後腿之下，一直受困在小小的助理位上。

仔細思考，我們不難發現，意外幾乎都是在人們最無防備的情況下發生。

一如艾咪的情況，對於我們絕對相信的人事物，大多數人不僅不會有任何防備，還會有強烈的依賴，因為「相信他」，所以我們從不心存懷疑。

問題是，生活中許多情況都令人難以預料，特別是難測的人心。於是，許多人都會像艾咪一樣，傷心地面對背叛與別有企圖的狡猾人心。

那麼我們該怎麼辦？

其實很簡單，只要我們謹記「防人之心不可無」的道理，多一點防備，便能少一點受騙。對於人的信任不要全心投入，再親近的人也要有些保留，畢竟真正肯犧牲自己成全別人的人從來屈指可數。

沒有偏見，就不會被矇騙

當我們有機會站在人生的至高處，一定要細心地觀看每一個角落，打開視野，寬心容納，即使身處地獄，我們也一定能發現希望的角落。

世事萬物都是心的投射，心一偏，視野就會傾斜，我們看世界的態度就會出現偏斜，即使身處天堂也若地獄了。

其實，因為每個人在意的東西不同，選取的角度便會不自覺地偏頗，一旦有了偏頗，再美麗的花園也會感覺混亂失序。

比爾不幸死於一場車禍意外，剛剛來到煉獄裡接受聖彼得的裁決。聖彼得

嘆口氣說：「唉！比爾，我真不知道要如何裁定你的未來去處！嗯！我不知道

是要送你上天堂，還是讓你下地獄？我知道，你對現實世界的貢獻非常大，你

的電腦發明讓人類進入了一個全新的世界與視野；但是，我也看見了這項發明

所帶來的醜陋。這樣好了，我首次破例，讓你自己決定何去何從，如何？」

「那有什麼區別呢？」比爾不解地問。

聖彼得說：「嗯，我先帶你到天堂和地獄走一走，然後你再做出決定。」

比爾一聽，滿意地說：「好哇，那我們要先去哪兒？」

聖彼得說：「你自己決定吧！」

比爾想了想，說：「好，那我們先去地獄看看吧！」

於是，比爾來到了地獄。沒想到眼前所看到的，竟是一個漂亮、乾淨的沙

灘，那裡不僅有許多穿著比基尼的女郎四處奔跑，還有明媚的陽光，陣陣和風

吹來，令比爾感到很是愜意。

「真棒！」比爾讚嘆了一聲，接著又對聖彼得說：「如果這裡是地獄的話，

我更想到天堂去看看。」

聖彼得點了點頭說：「好，走吧！」

於是，他們一起到了天堂，那果真是在雲端上的天地，只見天使們靜靜地

在天空飄游，還有些天使正快樂地彈著豎琴、歌唱。

這時，心爾心想：「天堂也很不錯，但是比不上地獄那麼誘人。」

於是，他想了一會兒，便對聖彼得說：「嗯，我願意去地獄。」

聖彼得說：「好！我會如你所願。」

於是，比爾進了地獄。兩周後，聖彼得來到地獄探視這位新朋友。然而，

到了地獄後，卻見比爾雙手被拷上了鎖鏈，正在燎人的火焰中尖叫著。

聖彼得平靜地問：「你現在感覺怎麼樣？」

比爾有些憤怒地回答：「太可怕了！為什麼和我兩星期前來的情況不同了

呢？這裡變得越來越離譜了，我真不敢相信，那個漂亮沙灘和女人，怎麼全都

不見了，那個歡樂地獄到哪兒去了？」

比爾滿臉失望和痛苦地問著，聖彼得卻平靜地回答：「喔，那不過是個廣

告罷了。」比爾一聽，瞪大了眼看著聖彼得，一句話也說不出來。

怎樣才叫快樂天堂，怎麼才算黑暗地獄？標準就在我們的心中，因為每個人看重的事物不同，也因為每個人看見的角度不同，以致於每個人在選擇天堂和地獄的時候，會有不同的解讀或認定。你相信居住天堂會比較快樂，當然就選擇天堂，你認為地獄可以滿足你的慾望，當然會選擇地獄。

無論過程有沒有被蒙蔽，最後的決定權仍在我們的手中，一切後果與責任理應由我們自己負責，即使結果未如預期，地獄之境終究是我們自己走進去的。

事情原本就有多種面向，地獄和天堂也不只是一種面貌而已，有人看見風雨交加的天堂預告，那就像比爾看見的地獄廣告，那不是視野的陷阱，而是多數人在選擇角度時，經常發生的偏見。

當我們有機會站在人生的至高處，一定要細心地觀看每一個角落，打開視野，寬心容納，即使身處地獄，我們也一定能發現希望的角落。

小心功高震主招來災禍

誠意真心總是敵不過現實猜忌，在競爭激烈的社會，偶爾反向操作才能保護自己，不致於因為功高震主招來災禍。

安份守己不代表要全盤托出自己的赤誠愚忠，展現自己的才能比任何人強，也不一定能得到讚許或拔擢。

因為，所有積極力爭上游的人，都是為了高人一等，一旦這些人好不容易

登上了高峰，他們當然只想一個人獨佔峰頂。

蕭何在滅楚興漢大業中立有大功，劉邦也因此將他排在眾臣之首。

後來，韓信被誣告謀反，當時劉邦正巧出征在外，由蕭何協助呂后掌理內政，設計除掉了韓信這個心腹大患。

由於平亂有功，蕭何的官銜便從丞相提升為相國，封地也增加了五千戶，此外，劉邦還賜了五百名士兵給他。

高升之後，相國府天天都有人前來祝賀，唯獨一位名叫召平的秦朝遺老竟然登門致哀。

他對蕭何說：「你就要大禍臨頭了，如今主公餐風宿露征戰於外，您只是坐鎮京師，什麼戰功也沒有，主公卻讓你增封地、設衛隊，這是為什麼？你以為理由真的那麼單純？其實是因為韓信剛剛謀反，主公對你心存懷疑，想以此對你加以籠絡，絕非寵信你啊！」

蕭何一聽，連忙請教：「我應該怎麼辦？」

召平回答：「把封賞讓出來不要接受。此外，你還要將自己的家產拿出來資助前方軍隊，如此一來，主公必定十分高興。」

蕭何認為他說的十分有理，便依計行事，果然立即得到劉邦肯定的回應。

又過了一年，英布謀反，劉邦再一次率兵出征，不過在前線指揮作戰時，他卻不斷地派使臣回京師，目的竟是想打聽蕭何在做些什麼事。

盡忠職守的蕭何原本想：「皇上出征在外，我身為相國，本該盡心安撫百姓，並多籌備糧草輸往前線。」

但不久，又有貴人向蕭何說：「您恐怕會有滅族大禍啊！如今您貴為相國，功列第一，官不可再升，功不可再加，然而，自您進駐關中十幾年來卻甚得民心。唉，如今主公經常派使臣來打聽您的情形，正是擔心相爺的聲望太過響亮啊！皇帝很擔心您會對他構成威脅。」

蕭何一聽，吃驚地問：「那我應該怎麼做才好？」

貴人建議說：「您可以四處壓價買田，故意高利放債，令民怨四起，如此才能讓多疑的主公卸下心防。」

蕭何聽從了他的意見，也這樣做了，果然劉邦再也沒有派使臣前來監視了。

當劉邦班師回朝時，看見老百姓紛紛上書狀告蕭何，劉邦卻一點也不怪罪他，

反而將老百姓的狀紙交給蕭何，還笑著對他說：「你自己處理吧！」

即使「功高震主」，處事也絕不能「喧賓奪主」，就像故事中的蕭何與劉邦的關係。畢竟對大多數的領導人物來說，他們好不容易坐上了龍椅，自然不肯輕易離座，面對著台下虎視眈眈的企圖者，他們更是小心翼翼地防範著。

蕭何心中只有安分盡職之意，這樣的防備與猜疑當然很冤枉。然而，誠意真心總是敵不過現實猜忌，在競爭激烈的社會，偶爾反向操作才能保護自己，雖然有違己心，但這確實是保障自己的最好方法。

人生路偶爾要靠自己製造彎道，不要一路直線前進，因為那樣不僅不易隱藏鋒芒，還很容易被自己的小聰明誤事。

所以，別擔心小小的轉彎會耽擱了前進的時間，因為在轉彎處，我們反而更能看清人心的險惡與可怕的陷阱。用小小的延誤換取永遠的平安，哪一個才是聰明的選擇，相信你一定知道。

天上掉下來的禮物，通常另有所圖

天上掉下來的禮物，常常包藏著送禮者的私心；或許他有求於你，或許他只是要你安靜、要你閉嘴。

不管你在工作崗位上擔任什麼樣的職務，或是在人際關係的網絡中扮演什麼樣的角色，都可能會遇到這樣的人：他們忽然有一天陪著笑臉跟你說話，誇獎你，給你一些好處，說著你的優點，一時間讓你丈二金剛摸不著頭腦。

可別眞的以爲自己時來運轉了呢！

這裡有個很短的小故事，或許你該先看看。

在某個月黑風高的夜晚，一個毛賊趁黑摸進了一座院落。

在院子裡看門的狗覺察出動靜，立刻汪汪汪地吠叫起來。

毛賊見狀，立即掏出一塊麵包扔給狗，誰知狗不吃麵包，卻撲到毛賊跟前，用力一口咬住了他的腿。

毛賊氣急敗壞地說：「你這隻不知好歹的笨狗！我給你麵包，你不吃就算了，怎麼還咬住我呢？」

狗回答說：「你不給我麵包，我還難以判斷你是好人還是壞人。現在，我敢斷定，你一定是個不安好心的歹徒，因為你想用麵包收買我。單憑這一點，我就要狠狠地咬住你。」

我們可能一直覺得看門狗只不過是看門狗罷了，但是，故事中的這隻狗，還挺明白道理的呢！

無緣無故的好處掉到自己頭上來，大部分的人可能都認為這是鴻運當頭吧！

你是天真
還是愚蠢？

272

但是，別忘記「天下沒有白吃的午餐」這句名言，或許在收受好處之前，我們

該從歡天喜地的心情中冷靜下來想想：「真的有這麼好的事嗎？」

在工作場合，很可能自己不過是一座巨大機器中的一枚小螺絲釘，很可能

自己不過是一個巨大網路中的小樞紐，然而，我們千萬不能忘記這則故事的寓

意：「天上掉下來的禮物，常常包藏著送禮者的私心；或許他有求於你，或許

他只是要你安靜、要你閉嘴。」

對方希望你對什麼閉嘴呢？當然是對他接下來要做的惡事保持沉默，對不

公不義、會危害到他人或整體利益的事情三緘其口；對他即將進行的壞事不聞

不問，故作不知！

就像狗說的，毛賊不給牠麵包，還難以判斷這人是好是壞；一旦給了，毛

賊的居心也就清楚明白了，不是嗎？

聰明如我們，是否已經知道該怎麼做了呢？

我們都能用自信來創造機會

因為對自己缺乏信心，或對成功充滿疑慮，最後在猶豫與自我否定的氣氛中，促成了對手的成功機會。

出色的創意經常是成功者的致勝關鍵，然而，在這些點子的背後，其實還有一個更重要的組成要素，那正是成功者的自信。

換句話說，能讓目標成功的真正保障，不是這個創意思考有多吸引人，而是藏在創意裡，那份自信心所發出來令人激賞的光芒！

波爾格德是某位石油企業家的兒子，一九一四年中，從英國回到了美國，並接下石油開採的工作，要好好地幫助父親發展石油業。

有一年，奧克拉荷馬州有個石油井招標，由於參與投標的企業家相當多，其中不乏資本額雄厚的公司，競爭十分激烈，而波爾格德此時正巧成立一間石油公司，但一切都剛剛起步，所以資金方面並不充足。

「我恐怕不是他們的對手，要怎麼辦才好？」波爾格德苦惱地想了半天，最後總算讓他想出了一個點子。

投標當天，波爾格德借了一套相當名貴的衣服，並約了一位在當地十分著名的銀行家，陪他前往投標會場。

到了會場，波爾格德顯得氣度不凡，而且胸有成竹，再加上身旁那位赫赫有名的銀行家，令在場企業家們都忍不住多看了他好幾眼。

原本躍躍欲試的投標者，看見波爾格德的氣勢如此強盛，個個心中都不禁志忑不安，再想到他是石油富商的兒子，又有銀行家作參謀，所有人心中竟紛紛響起了這樣一個聲音：「我恐怕標不到了！」

於是，令人意外的景象突然發生，企業家們竟有人開始放棄、離開，即使

留下來的人也懶得競價了。

結果，波爾格德只以五百美元的低價，輕易地拿到了開採權，他笑著說：

「沒想到竟然能唬過他們！」

四個月後，波爾格德得標的那個油田，開採出極優質的石油原料，讓他在

這個油田上獲得龐大的利潤。

在巧思經營與眼光獨到的能力下，一九一七年六月，二十三歲的波爾格德

就已成為擁有四十家石油公司的富翁。

因為看透人們心理的弱點，聰明的波爾格德只用自我包裝的手法，便唬過

了其他實力雄厚的投資者，這不代表波爾格德行事不夠光明，只是大多數人對

自己太沒自信了。

在競爭激烈的現在社會中，所謂的創意點子或偽裝技巧，只不過是整件事

中的一小部份。事實上，這些成功的助力與扭轉結局的關鍵力量正是故事中的

其他投標者。眞正幫了對手大忙的功臣，其實是他們自己。

他們因爲對自己缺乏信心，或對成功充滿疑慮，最後在猶豫與自我否定的

氣氛中，促成了對手的成功機會。

仔細想想，你是否發現自己也曾有過這樣的念頭：「看看人家，他一定比

我優秀，我一定又要被淘汰了。」

這個念頭出現之後，你便眞的被淘汰了，其中原因並不是因爲對方太強，

而是你在賽事還未開始之前就自願放棄了。

看清楚故事中的旨意了嗎？

在我們學會以包裝欺敵之前，別忘了，先紮實地建立起你的自信心！

巧妙出擊，就能輕鬆解決難題

不必擔心問題叢生，只要微笑面對，然後我們就能發現解決的方法，輕鬆自信地渡過一個又一個難關！

孟德斯鳩曾說：「我一直認為，一個人想要獲得成功，就必須表面上忠厚老實，實際上暗留一點心機。」

確實如此，在這個爾虞我詐的社會裡，當個厚道的老實人固然值得稱許，但是一定要多留幾個心眼，千萬不能忽略人性中的狡猾虛偽、奸詐殘忍、言行不一……等黑暗面。

生活中，我們一定會與麻煩相遇，也一定會和困難過招，因為它們都是我

們人生歷程中的一部份。處於不利的形勢或被動的局面時，只要能巧妙地擊，搶得解決問題的主導權，就能反敗為勝。

阿桑為人開朗厚道且樂於助人，由於頗有積蓄，經常有人想向他借錢。

這天，有位經營服飾業的朋友來訪，阿桑熱情地招待。但過了一會兒，友人卻愁眉苦臉了起來，阿桑便問：「加伊啊，你怎麼滿臉愁容啊？」

加伊嘆了口氣說：「唉，現在生意難做啊！像現在，明明有一個現成的生意，可我卻沒有本錢投資。」

阿桑關心地問：「喔，那你缺多少錢？」

加伊說：「如果有二千金幣就夠了，我說阿桑，你能不能幫幫我啊？」

重情義的阿桑二話不說，立即說：「沒問題。」

於是，兩個人立即寫下了借據，加伊感動地說完謝意與歸還日期後，拿著錢便離開了。過了幾天，阿桑的妻子問起了這件借錢之事，並向阿桑要借據來

看看，誰知阿桑竟將借據給弄丟了。

「啊！借據不見了。」阿桑緊張地向妻子說。

這時，妻子連忙提醒他：「沒有了借據，加伊恐怕會把錢賴掉啊！」

著急的阿桑一聽，立即去找友人納斯丁想辦法，納斯丁追問：「你們簽寫借據時，有沒有其他人在場？」

阿桑搖了搖頭：「沒有啊，就只有我們兩個人。」

「那期限多久？」納斯丁又問。

只見阿桑伸出一個食指說：「一年。」

納斯丁想了一會兒，忽然說：「有了，你馬上寫封信給他，並催促他盡快還你二千五百金幣。」

但是，老實的阿桑卻說：「不對啊！我只借他二千金幣。」

納斯丁笑著說：「你這麼寫就是了，因為他一定會回信提醒你，他只向你借『二千金幣』啊！」

阿桑明白地點點頭，立即寫信，果然三天後，加伊回信寫道：「我只向你

借二千金幣！而且當時言明一年後才還，你別擔心，我一定會還給你的。」

而這封回信，便成了阿桑新的「借款證明」。

一個小小的變通，讓老實的阿桑重新得到一份借款證明，也讓原本可能失去的財富，再又失而復得。故事中沒有誇張的解決技巧，只是簡單地寫一封信，然而從中，我們不難領悟出一個宗旨：「發生問題時先冷靜，然後再慢慢地思考出最好的解決辦法。」

其實，發生問題時，我們無法預料會出現哪些狀況，但是處理問題時，卻可以要求自己從事情的不同角度中探尋，多元地找出任何可能解決的方案，力求能圓滿解決。

從這則簡單的故事中，我們也省悟出一個生活重點：不必擔心問題叢生，只要微笑面對，然後我們就能發現解決的方法；不必害怕困難出現，只要微笑面對，我們就能輕鬆自信地渡過一個又一個難關！

騙子總是裝得慈眉善目

正因為我們一味相信人性的光明面，不設防地對別人付出我們的信任與尊重，這些利用他人善心的騙徒才會不停地出現。

儘管人性有善有惡，然而我們對人性的認識，卻常常偏向光明面，認為人心總是良善的居多。

但在現代社會，競爭非常激烈，人與人之間不得不處處提防、處處小心，即使我們總應該保持一顆善心，但卻不能忘記為自己留點餘地。

有一個地方，居住著鼠王和五百隻老鼠，這裡同時還住著一隻貓。

這隻貓年輕的時候，發誓要殺死所有的老鼠。但現在不行了，牠老了，於是心裡便想：「以前我年輕，身強力壯，憑著氣力捉老鼠。現在年邁體弱，跑也跑不快，要想捉住老鼠，非得想個更好的辦法才行！」

老貓這樣想過後，便在周圍到處觀察，終於發現鼠王和五百隻老鼠居住的地方。於是，老貓來到鼠洞前面，裝出坐禪的樣子。

這天，老鼠們出洞來玩耍，看見老貓慈眉善目地在坐禪，鼠王就問老貓：

「貓先生，你這是在做什麼？」

老貓回答說：「從前我年輕時，氣力強盛，幹了無數犯罪的事。現在想修德積福，贖過去的罪過。」

老鼠們聽牠這樣一說，竟然信以為真，心想：「上天的力量真是偉大，連這老貓也被感化，開始修行積善了。」

於是，鼠王每次都領著老鼠們從右邊繞老貓三圈，表示尊敬，然後才進入洞裡。但是，老鼠們都沒有發現，就在牠們這樣做的時候，那隻老貓每次都捉

住走在最後的那隻老鼠吃掉。

沒過多久，鼠王開始發覺情況不對，怎麼老鼠的數目日漸減少？牠心中覺得很奇怪，就留心觀察。

就在牠細心察看四周時，忽然驚覺老貓的糞便裡有很多鼠毛，心想一定是老貓幹的好事！次日，牠帶著隊伍回來時，便躲在洞口觀察老貓的舉動，終於發現了老貓坐禪的秘密。

從此，牠和牠的隊伍總是遠遠躲開這隻詭計多端、佯裝向善的老貓，老貓捕不到老鼠，最後終於餓死了。

故事裡這隻狡猾的老貓是有點小聰明，懂得利用人性中善的一面，讓眾人以為牠是慈悲的、可敬的，並忽略牠危險的一面。

事實上，這樣充滿欺騙的狡詐行為在我們的社會中屢見不鮮，正因為我們一味相信人性的光明面，不設防地對別人付出我們的信任與尊重，這些利用他

人善心的騙徒才會不停地出現。

我們固然可以責怪別人利用自己的好心行騙，但其實像鼠王這樣適度的質疑與細心的觀察也不可少，如此一來才不致於老是被騙，或是因為幾次被騙而防衛過當，從此吝於付出自己的愛心。

通常，我們會在天災地變發生之時捐款給一些慈善團體，有些存心詐騙的人也會假借各種名目向我們募款，因此，總要有人去監督、查看這些善款的流向，否則不但自己被騙，我們的善心也沒有辦法直接傳遞到那些需要的人身上，只是徒然助長騙子的斂財行為。

三國演義

厚黑講義

The Wisdom of Three Kings

王照 ———— 編著

高爾基曾說：
在這一切都處於競爭和角逐的世界上，是沒有童話般的幻想和多愁善感存在的餘地。

確實，在這個瞬息萬變的現實社會，不時上演著鬥智鬥力的戲碼，每個人都無可避免必須面對殘酷的競爭，以及對手的無情挑戰，必須學會靈活運用各種智慧，讓努力發揮最高效益。
兵不厭詐，敵人的戰術往往虛虛實實，因此，除了不斷增強本身實力之外，
更要多看各種參考範例，《三國演義》中的靈活思考與應變謀略，正是幫助你取得勝利的重要關鍵。

THE ART OF
CONVERSATION　　陶然——著

把話說進
心坎裡

人際關係專家畢傑曾說：

如果你想把話說到別人的心坎裡，
就必須知道如何利用別人最喜歡聽的話，
間接傳達你想要傳達的意思。

的確，同樣的一件事，用不同的兩種話來表達，最後的結果往往是大相逕庭。
如果你可以在事前就知道你想要傳達的人喜歡什麼話，然後再用他喜歡聽的話間接傳達你的意見，
那麼，對方欣然接受的程度肯定會高出許多。

要做好人，先學會做個聰明人

別讓善良變成你的致命傷

*Be good,
learn to be smart*

公孫龍策———

赫胥黎曾經寫道：

人 生 最 大 的 悲 哀 ， 就 是 純 真 的 想 法 ，

往 往 被 醜 陋 的 事 實 所 扼 殺 。

心思單純、善良的人固然最受歡迎，但也最容易被人坑騙。在人生叢林裡，如果你不想老是成為別人算計的對象，
那麼，除了擁有好人的純真之餘，更須具備小人的深沉。
想要做好人，先學會做個聰明人，做人做事要是沒有一點防人之心，把自己的心思全部攤在陽光下，
結果自然只會讓自己一再被坑、被騙。

你是天真，還是愚蠢？

作　　者	夏洛克
社　　長	陳維都
藝術總監	黃聖文
編輯總監	王郡凌
出 版 者	普天出版家族有限公司
	新北市汐止區忠二街 6 巷 15 號
	TEL / (02) 26435033 (代表號)
	FAX / (02) 26486465
	E-mail：asia.books@msa.hinet.net
	http://www.popu.com.tw/
	郵政劃撥 19091443 陳維都帳戶
總 經 銷	旭昇圖書有限公司
	新北市中和區中山路二段 352 號 2F
	TEL / (02) 22451480 (代表號)
	FAX / (02) 22451479
	E-mail：s1686688@ms31.hinet.net
法律顧問	西華律師事務所‧黃憲男律師
電腦排版	巨新電腦排版有限公司
印製裝訂	久裕印刷事業有限公司
出 版 日	2023 年 6 月第 2 版 1 刷

ＩＳＢＮ◎978-986-389-867-2　條碼 9789863898672
Copyright◎2023
Printed in Taiwan, 2023 All Rights Reserved

國家圖書館出版品預行編目資料

你是天真，還是愚蠢？／

夏洛克著.—第 2 版.—：新北市.普天出版

2023.06 面；公分. -（智在人生；04）

ＩＳＢＮ◎978-986-389-867-2（平裝）

智 在 人 生

04

普天之下 · 蓋是好書

普天 出版家族
Popular Press Family

凌雲 文創
A-Plus
Creative Company